William Rainey Harper

Hebrew vocabularies

lists of the most frequently occurring Hebrew words

William Rainey Harper

Hebrew vocabularies
lists of the most frequently occurring Hebrew words

ISBN/EAN: 9783337729226

Printed in Europe, USA, Canada, Australia, Japan

Cover: Foto ©Paul-Georg Meister /pixelio.de

More available books at **www.hansebooks.com**

HEBREW VOCABULARIES

LISTS OF THE MOST FREQUENTLY OCCURRING
HEBREW WORDS

ARRANGED BY

WILLIAM R HARPER

PROFESSOR OF SEMITIC LANGUAGES IN YALE UNIVERSITY

INSCRIBED TO

IRA MAURICE PRICE,   CLARK E. CRANDALL,

FREDERIC J. GURNEY,   JOHN WESLEY PAYNE,

ROBERT F. HARPER,   WILBERT W. WHITE,

GEORGE S. GOODSPEED,   FRANK K. SANDERS,

IN TOKEN OF

THE AUTHOR'S INDEBTEDNESS TO THEM FOR AID AND

SYMPATHY IN THE WORK IN WHICH THEY

AND HE, AT DIFFERENT TIMES,

HAVE

BEEN ASSOCIATED.

ERRATA.

Page	10,	after	93	read	נוּס Flee
"	"	"	145	"	חָרַם Devote, destroy
"	16,	"	21	"	כֹּל All
"	17,	"	69	"	צָבָא Host
"	"	"	81	"	אֵם Mother
"	18,	"	160	"	נָהָר River
"	19,	"	296	"	עוֹף Fowl
"	20,	"	386	"	בְּתוּלָה Virgin
"	"	"	392	"	גַּן Garden
"	23,	"	725	"	דֶּשֶׁן Fat
"	26,	"	1058	"	רַגְלִי Foot-soldier, and רָחָב Wide
"	27,	"	1109	"	שׁוֹק Leg, and שׁוֹשָׁן Lily

PREFACE.

The "Hebrew Vocabularies" is intended for students who desire to gain a living familiarity with the Hebrew language. The chief difficulty to overcome in the mastery of the Hebrew language is the acquisition of a vocabulary. There are but few words in Hebrew with which corresponding ones in English, of similar sound and signification, may be associated. The old method of acquiring a vocabulary, that is, by looking up a word in a Lexicon every time it occurs until it becomes familiar—for this, life is too short. The average student will look for the same word twenty times before he will really *know* it; meanwhile he might have memorized *twenty words*. Yet it is not well for a beginner to attempt to memorize the Lexicon. He should be given lists of the words which occur most frequently. Of the seven or eight thousand vocables which occur in the Hebrew language, about one thousand occur over twenty-five times; about eight hundred between ten and twenty-five times. If the learner will memorize five or six words a day, within six or eight months he will have mastered a vocabulary sufficient to enable him to read any portion of the Hebrew of the Old Testament with considerable ease. Three words, those meaning *to say, God, Son*, occupy sixty pages of the Hebrew text. The sixty-three verbs given in Lists I. and II. occupy *two hundred* pages, and the first sixty nouns given in Lists VII. and VIII. occupy *two hundred and twenty-five* pages—together about one-third of the entire Old Testament, and in this calculation derivatives are not included.

The book may be used in many ways. The author has found one plan especially helpful. When the class has finished the first chapter of Genesis, the first lists of both verbs and nouns are examined and the words occurring in the chapter just studied are checked. This aids in impressing the several words upon the mind of the student. The same thing is done when the second, third and fourth chapters have been studied. In connection with sight-reading the same plan may be adopted with good results.

The "Verbs arranged according to their stems" (Lists XVIII.-XXIV.), and "verbs arranged according to the character of their radicals" (Lists XXV.-XLI.) may be used in connection with grammatical study. This use may also be made of the "Nouns arranged according to their Formation."

The following points deserve attention:

1) The "Vocabularies" is not intended as, in any manner, a substitute for the lexicon, but to be used with constant reference to it.

2) In the Lists of Nouns arranged according to their Signification (XCV.-CXXV.) *rare* words are occasionally given, but only when it has seemed best to make the list comparatively exhaustive.

3) Since it has always been the aim to present the most *usual* meaning of a word, secondary instead of primary meanings will often be found given.

4) The Lists of Nouns arranged according to Formation, will be found convenient for the study of that much neglected, yet very important part of Hebrew Grammar, Noun-formation. When the origin of a noun is uncertain, it is often difficult to decide upon its formation; in general, however, the classification will be found satisfactory.

5) In the List of Nouns derived from the most common roots, the arrangement is intended (a) to assist the pupil in getting more firmly fixed the meaning of the root by associating with it one or more derivatives; (b) to show the particular meanings of the various formations. In order to accomplish both these things ἅπαξ λεγόμενα are frequently though not always inserted. The treatment does not aim to be exhaustive; and yet it will be found practically to be so. Space has been left in the printing of the *rare* formations in order that the student may insert similar forms found in his reading.

6) The "List of Common Idioms," if thoroughly mastered, will aid greatly both in a better understanding of the Hebrew text and in a better expression of its meaning in English.

In Lists I.–XVII., and in List CXXXI., the Hebrew and English are given on different pages in order that the book may thus be more easily made use of in the class-room.

It was proposed to include other material than that here given; but the demand for the book has been so pressing, and the delay of publication has already been so great, that it is thought best to leave this additional material for a later edition.

The principal lexicons, concordances and similar books have been used in making out these lists. In former editions (1882, 1883) my brother, Mr. Robert F. Harper, and in this edition my friend, Mr. A. S. Carrier, have rendered valuable aid in the work of collecting and arranging words.

Great care has been taken to make the lists accurate; but it is reasonable to suppose that omissions and errors will be found. Corrections will be thankfully received.

WILLIAM R. HARPER.

YALE UNIVERSITY,
April 25th, 1890.

CONTENTS.

I. HEBREW WORDS ACCORDING TO FREQUENCY OF OCCURRENCE (Hebrew).

 I. Verbs occurring 500–5000 times...................... 9
 II. Verbs occurring 200–500 times...................... 9
 III. Verbs occurring 100–200 times...... 10
 IV. Verbs occurring 50–100 times...................... 10, 11
 V. Verbs occurring 25–50 times....................... 11–13
 VI. Verbs occurring 10–25 times....................... 13–15

II. HEBREW NOUNS ACCORDING TO FREQUENCY OF OCCURRENCE (Hebrew).

 VII. Nouns occurring 500–5000 times.................... 16
 VIII. Nouns occurring 300–500 times............... ...... 16, 17
 IX. Nouns occurring 200–300 times..................... 17
 X. Nouns occurring 100–200 times..................... 17, 18
 XI. Nouns occurring 50–100 times...................... 18, 19
 XII. Nouns occurring 25–50 times....................... 20–22
 XIII. Nouns occurring 10–25 times....................... 22–27

III. PREPOSITIONS, ADVERBS, CONJUNCTIONS, and NUMERALS (Hebrew).

 XIV. Prepositions, and Prepositional Phrases:
  1. Denoting Place...................................... 28
  2. Denoting Time...................................... 28
  3. Denoting Cause, End, Instrumentality.......... 28
  4. Denoting Connection, Relation, Privation...... 29
 XV. Adverbs and Adverbial Phrases:
  1. Denoting Place...................................... 29
  2. Denoting Time...... 30
  3. Denoting Quantity.................................. 30
  4. Denoting Quality, Condition, and Causality.... 30, 31
  5. Denoting Affirmation and Negation............. 31
 XVI. Conjunctions:
  1. Of Time... 31
  2. Of Wish and Condition........................... 31
  3. Of Cause, End, and Effect....................... 31
  4. Of Contrast and Correspondence................ 32
 XVII. Numerals.. 32

Contents.

I. HEBREW VERBS ACCORDING TO FREQUENCY OF OCCURRENCE (ENGLISH).

I.	Verbs occurring 500-5000 times	33
II.	Verbs occurring 200-500 times	33
III.	Verbs occurring 100-200 times	34
IV.	Verbs occurring 50-100 times	34, 35
V.	Verbs occurring 25-50 times	35-37
VI.	Verbs occurring 10-25 times	37-39

II. HEBREW NOUNS ACCORDING TO FREQUENCY OF OCCURRENCE (ENGLISH).

VII.	Nouns occurring 500-5000 times	40
VIII.	Nouns occurring 300-500 times	40, 41
IX.	Nouns occurring 200-300 times	41
X.	Nouns occurring 100-200 times	41, 42
XI.	Nouns occurring 50-100 times	42, 43
XII.	Nouns occurring 25-50 times	44-46
XIII.	Nouns occurring 10-25 times	46-51

III. PREPOSITIONS, ADVERBS, CONJUNCTIONS, AND NUMERALS (ENGLISH).

XIV. Prepositions and Prepositional Phrases:
  1. Denoting Place 52
  2. Denoting Time 52
  3. Denoting Cause, End, Instrumentality 52
  4. Denoting Connection, Relation, Privation 52

XV. Adverbs and Adverbial Phrases:
  1. Denoting Place 53
  2. Denoting Time 53
  3. Denoting Quantity 53
  4. Denoting Quality, Condition, and Causality 54
  5. Denoting Affirmation or Negation 54

XVI. Conjunctions:
  1. Of Time 54
  2. Of Wish and Condition 54
  3. Of Cause, End and Effect 54
  4. Of Contrast and Correspondence 54

XVII. Numerals 55

IV. VERBS ARRANGED ACCORDING TO THEIR STEMS.

XVIII.	Verbs occurring only in the Simple Stems	56
XIX.	Verbs occurring only in the Intensive Stems	57
XX.	Verbs occurring only in the Causative Stems	57
XXI.	Verbs occurring in both Simple and Intensive Stems	57, 58
XXII.	Verbs occurring in both Simple and Causative Stems	59, 60
XXIII.	Verbs occurring in Intensive and Causative Stems	60
XXIV.	Verbs occurring in Simple, Intensive and Causative Stems	60-64

V. VERBS ARRANGED ACCORDING TO THE CHARACTER OF THEIR RADICALS.

XXV.	Strong Verbs.................................	65, 66
XXVI.	פ׳ Guttural Verbs...........................	67
XXVII.	ע׳ Guttural Verbs...........................	68
XXVIII.	ל׳ Guttural Verbs...........................	69
XXIX.	Verbs containing Two Gutturals...........	69
XXX.	פ״ן Verbs.....................................	70
XXXI.	ע״ע Verbs.....................................	71
XXXII.	פ״א Verbs.....................................	72
XXXIII.	פ״ו Verbs.....................................	72, 73
XXXIV.	פ״י Verbs.....................................	73
XXXV.	ע״ו Verbs.....................................	73, 74
XXXVI.	ע״י Verbs.....................................	74
XXXVII.	ל״א Verbs.....................................	74, 75
XXXVIII.	ל״ה Verbs.....................................	75
XXXIX.	ל״ה Verbs and, at the same time, פ׳ or ע׳ Guttural....................................	76
XL.	Verbs Doubly Weak........................	76–78
XLI.	Defective and Kindred Verbs.............	78, 79

VI. NOUNS ARRANGED ACCORDING TO FORMATION.

XLII.	Segholates, A-Class........................	80–83
XLIII.	Segholates, I-Class.........................	83, 84
XLIV.	Segholates, U-Class........................	85, 86
XLV.	Nouns with Two Originally Short Vowels, ă—ă.	87, 88
XLVI.	Nouns with Two Originally Short Vowels, ă—ĭ.	89
XLVII.	Nouns with Two Originally Short Vowels, ă—ŭ.	90
XLVIII.	Nouns with Two Originally Short Vowels, ĭ—ă.	90, 91
XLIX.	Nouns with a Short and a Long Vowel, ă—â(ô).	91
L.	Nouns with a Short and a Long Vowel, ă—î....	91, 92
LI.	Nouns with a Short and a Long Vowel, ă—û...	92
LII.	Nouns with a Short and a Long Vowel, ĭ—â (ᵉ—â)..	92
LIII.	Nouns with a Short and a Long Vowel, ĭ—î (ᵉ—î)..	93
LIV.	Nouns with a Short and a Long Vowel, ĭ—û (ᵉ—û)..	93
LV.	Nouns with a Short and a Long Vowel, â—ă (ô—ă)..	94
LVI.	Nouns with a Short and a Long Vowel, â—ĭ (ô—ĕ)..	94
LVII.	Intensives: Middle Radical Doubled, ă—ă.....	95
LVIII.	Intensives: Middle Radical Doubled, ĭ—ă.....	95
LIX.	Intensives: Middle Radical Doubled, ă—ĭ.....	96
LX.	Intensives: Middle Radical Doubled, ă—ŭ.....	96
LXI.	Intensives: Middle Radical Doubled, ă—ŭ.....	96
LXII.	Intensives: Middle Radical Doubled, ă—â(ô)....	96
LXIII.	Intensives: Middle Radical Doubled, ă—î.....	96

xii CONTENTS.

LXIV. Intensives: Middle Radical Doubled, ă—û.... 96
LXV. Intensives: Middle Radical Doubled, ĭ—û..... 97
LXVI. Intensives: Middle Radical Doubled. irregular 97
LXVII. Intensives: Third Radical Reduplicated...... 97
LXVIII. Intensives: Contracted Stem.................. 97
LXIX. Nouns with Preformatives, א prefixed......... 97
LXX. Nouns with Preformatives, י or ה prefixed... 97
LXXI. Nouns with Preformatives, מ prefixed, ă—ă.. 98
LXXII. Nouns with Preformatives, מ prefixed, ĭ—ă... 98
LXXIII. Nouns with Preformatives, מ prefixed, ă—î... 99-100
LXXIV. Nouns with Preformatives, מ prefixed, ĭ—î.... 100
LXXV. Nouns with Preformatives, מ prefixed, ă—ŭ... 100
LXXVI. Nouns with Preformatives, מ prefixed, ă—â (ô). 100, 101
LXXVII. Nouns with Preformatives, מ prefixed, ĭ—â (ô). 101
LXXVIII. Nouns with Preformatives, מ prefixed, ă—î.... 101
LXXIX. Nouns with Preformatives, מ prefixed, ă—û.... 101
LXXX. Nouns with Preformatives, מ prefixed, ŭ—ă... 102
LXXXI. Nouns with Preformatives, מ prefixed, irregular.................................... 102
LXXXII. Nouns with Preformatives, ת prefixed, ă—ă.... 102
LXXXIII. Nouns with Preformatives, ת prefixed, ĭ—ă.... 103
LXXXIV. Nouns with Preformatives, ת prefixed, ă—ĭ. .. 103
LXXXV. Nouns with Preformatives, ת prefixed, ă—ŭ.... 103, 104
LXXXVI. Nouns with Preformatives, ת prefixed, ŭ—ĭ.... 104
LXXXVII. Nouns with Afformatives, ל affixed........... 104
LXXXVIII. Nouns with Afformatives, מ affixed............. 104
LXXXIX. Nouns with Afformatives, ן affixed.............. 104
XC. Multiliterals.................................. 105
XCI. Compounds.................................. 105
XCII. Denominatives, Participial forces.............. 105
XCIII. Denominatives, מ formations.................. 105
XCIV. Denominatives with Afformatives............... 106

VII. NOUNS ARRANGED ACCORDING TO THEIR MEANING.

XCV. The Heavens and Heavenly Bodies............... 107
XCVI. Time and its Divisions......................... 107
XCVII. Natural Phenomena............................ 108
XCVIII. The Earth and its Divisions................ 108
XCIX. Water and its Divisions....................... 109
C. Geographical Terms...................... 109
CI. Space: Terms expressing Position, Direction or Linear Measurement...... 109
CII. Expressions for Quantity and Weight.......... 110
CIII. Physical Qualities............................ 110
CIV. Minerals and Metals........................... 110, 111
CV. Life, Disease and Death.................. 111
CVI. Vegetation and its Products.................... 111, 112
CVII. Animals, Wild and Domestic................... 112, 113
CVIII. Animal products.............................. 113
CIX. Various groupings of mankind................. 113

CX.	Various words for Man..........................	113
CXI.	The Body and its Members.....................	114
CXII.	Physical Qualities of Man......................	114
CXIII.	States of the Body...............................	115
CXIV.	Terms expressive of Man's position in the World..	115, 116
CXV.	Abodes and parts of Abodes....................	116
CXVI.	Intellect, Sensibility and Will...................	117
CXVII.	Operations and Enactments of Intellect, etc....	117, 118
CXVIII.	Human Actions and Occupations...............	118
CXIX.	Articles used in Daily Life.....................	119, 120
CXX.	Products of Manufacture.......................	120
CXXI.	The Spiritual Nature.............................	121
CXXII.	Ethical and Religious terms....................	121, 122
CXXXIII.	Sacrifice and Worship...........................	122
CXXIV.	The Future World................................	122
CXXV.	God...	123

VIII. THE MOST COMMON ROOTS WITH DERIVATIVES.

CXXVI.	Derivatives from Verbs occurring 500-5000 times	124-128
CXXVII.	Derivatives from Verbs occurring 200-500 times	129-134
CXXVIII.	Derivatives from Verbs occurring 100-200 times	134-140
CXXIX.	Derivatives from Verbs occurring 50-100 times.	140-151
CXXX.	Derivatives from Verbs occurring 25-50 times..	152-168

IX. LISTS OF THE MOST COMMON IDIOMS.

CXXXI.	The Hebrew Phrases............................	169-172
CXXXI.	The English Phrases............................	173-176

Pe Aleph 31

Pe Guttural 101

ע Guttural 77

פ Guttural

Pe Nun

ל Aleph

ל Hē

ע Double

ע Waw

ע Yodh

Pe Yodh

Pe Waw

I. Hebrew Verbs According to Frequency of Occurrence.

LIST I.

Verbs occurring 500–5000 times.

1	אָכַל	8	יָלַד	15	עָבַר	22	רָאָה
2	אָמַר	9	יָצָא	16	עָלָה	23	שִׂים
3	בּוֹא	10	יָשַׁב	17	עָמַד	24	שׁוּב
4	דִּבֶּר	11	לָקַח	18	עָשָׂה	25	שָׁלַח
5	הָיָה	12	מוּת	19	צִוָּה	26	שָׁמַע
6	הָלַךְ	13	נָשָׂא	20	קוּם		
7	יָדַע	14	נָתַן	21	קָרָא		

LIST II.

Verbs occurring 200–500 times.

27	אָהַב	37	יָסַף	47	מָלַךְ	57	פָּקַד
28	אָסַף	38	יָרֵא	48	מָצָא	58	רָבָה
29	בָּנָה	39	יָרַד	49	נָגַד	59	רוּם
30	בִּקֵּשׁ	40	יָרַשׁ	50	נָטָה	60	שָׁכַב
31	בֵּרַךְ	41	יָשַׁע	51	נָכָה	61	שָׁמַר
32	זָכַר	42	כּוּן	52	נָפַל	62	שָׁפַט
33	חָזַק	43	כָּלָה	53	נָצַל	63	שָׁתָה
34	חָטָא	44	כָּרַת	54	סוּר		
35	חָיָה	45	כָּתַב	55	עָבַד		
36	יָכֹל	46	מָלֵא	56	עָנָה		

LIST III.

Verbs occurring 100–200 times.

64 אָבַד
65 אָמֵן
66 בּוֹשׁ
67 בָּטַח
68 בִּין
69 בָּכָה
70 גָּאַל
71 גָּדַל
72 גּוּר
73 גָּלָה
74 דָּרַשׁ
75 הָלַל
76 הָרַג
77 זָבַח
78 חָלַל
79 חָנָה
80 חָשַׁב
81 טָמֵא
82 יָרָה
83 יָטַב
84 יָתַר
85 כָּבֵד
86 כָּסָה
87 כָּפַר
88 לָבַשׁ
89 לָחַם
90 לָכַד
91 נָבָא
92 נָגַע
93 נָגַשׁ
94 נָסַע
95 סָבַב
96 סָפַר
97 עָזַב
98 פָּנָה
99 קָבַץ
100 קָבַר
101 קָדַשׁ
102 קָטַר
103 קָרַב
104 רָדַף
105 רוּץ
106 רָעָה
107 שָׂמַח
108 שָׂנֵא
109 שָׂרַף
110 שָׁאַל
111 שָׁאַר
112 שָׁבַע
113 שָׁבַר
114 שָׁחָה
115 שָׁחַת
116 שָׁכֵן
117 שָׁכַח
118 שָׁלַךְ
119 שָׁלַם
120 שָׁפַךְ
121 שָׁרַת

LIST IV.

Verbs occurring 50–100 times.

122 אָבָה
123 אָחַז
124 אָסַר
125 אָרַר
126 בָּחַר
127 בָּלַע
128 בָּעַר
129 בָּקַע
130 בָּרָא
131 בָּרַח
132 דָּבַק
133 הָפַךְ
134 זוּר
135 זָנָה
136 זָעַק
137 זָרַע
138 חָדַל
139 חוּל
140 חָזָה
141 חָלָה
142 חָלַק
143 חָנַן
144 חָפֵץ
145 חָרָה
146 חָרַשׁ
147 חָתַת
148 טָהֵר
149 יָבֵשׁ
150 יָכַח
151 יָעַץ
152 יָצַק
153 יָצַר

154 יָרָה
155 כָּבַס
156 כָּעַס
157 כָּשַׁל
158 לוּן
159 לָמַד
160 מָאַס
161 מָרַד
162 מָהַר
163 מָכַר
164 מָלַט
165 מָשַׁח
166 מָשַׁל
167 נָבַט
168 נָדַח
169 נוּחַ
170 נָחַל
171 נָטַע
172 נָכַר
173 נָצַב
174 נָצַח
175 נָצַר
176 נָשַׂג
177 סָגַר
178 סָתַר
179 עוּר
180 עָזַר
181 עָנָה
182 עָרַךְ
183 פָּדָה
184 פּוּץ
185 פָּלָא
186 פָּלַל
187 פָּעַל
188 פָּרַד
189 פָּרַשׂ
190 צָלַח
191 צָעַק
192 צָפָה
193 צָרַר
194 קָלַל
195 קָנָה
196 קָרַע
197 רָחַם
198 רָחַץ
199 רָחַק
200 רִיב
201 רָכַב
202 רָנַן
203 רָעַע
204 רָפָא
205 רָצָה
206 שָׂבַע
207 שָׂכַל
208 שָׁבַת
209 שָׁדַד
210 שָׁחַט
211 שִׁיר
212 שִׁית
213 שָׁכַם
214 שָׁמַד
215 שָׁמַם
216 שָׁקָה
217 תָּמַם
218 תָּפַשׂ
219 תָּקַע

LIST V.

Verbs occurring 25—50 times.

220 אָבַל
221 אָוָה
222 אוֹר
223 אָזַן
224 אָמֵץ
225 אָפָה
226 אָרַב
227 אָרַךְ
228 אָשַׁם
229 בָּגַד
230 בָּדַל
231 בָּהַל
232 בָּזָה
233 בָּזַז
234 בָּחַן
235 בָּלַל
236 בָּצַר
237 בָּשַׁל
238 גָּבַהּ
239 גָּזַל
240 גִּיל
241 גָּמַל
242 גָּנַב
243 גָּרַשׁ
244 דָּמָה
245 דָּמַם
246 הָגָה
247 הָמָה

248	הָרָה	275	יָגַע	302	נָאַץ	329	פָּלַט
249	הָרַס	276	יָהַב	303	נָגַף	330	פָּרַד
250	זוּב	277	יָחַל	304	נָדַד	331	פָּרָה
251	זָמַר	278	יָלַל	305	נָדַר	332	פָּרַח
252	זָקֵן	279	יָנַק	306	נָהַג	333	פָּרַץ
253	זָרָה	280	יָסַד	307	נוּעַ	334	פָּשַׁט
254	זָרַק	281	יָסַר	308	נוּף	335	פָּשַׁע
255	חָבָא	282	יָצַב	309	נָחָה	336	צָדַק
256	חָבַר	283	יָצַת	310	נָטַשׁ	337	צוּר
257	חָבַשׁ	284	יָשַׁר	311	נָסָה	338	צָמַח
258	חָגַר	285	כּוּל	312	נָסַךְ	339	צָפַן
259	חָכַם	286	כָּחַד	313	נָקַב	340	צָרַף
260	חָלַם	287	כָּלַם	314	נָקָה	341	קָדַם
261	חָלַף	288	כָּנַע	315	נָקַם	342	קָהַל
262	חָלַץ	289	כָּרַע	316	נָשַׁק	343	קָוָה
263	חָמַל	290	לוּץ	317	נָתַץ	344	קָנָא
264	חָסָה	291	לָקַט	318	נָתַק	345	קָצַף
265	חָצַב	292	מָאֵן	319	סָלַח	346	קָצַר
266	חָקַר	293	מוּט	320	סָמַךְ	347	קָרָה
267	חָרֵב	294	מוּל	321	סָפַד	348	קָשַׁב
268	חָרַד	295	מָחָה	322	עוּר	349	קָשָׁה
269	חָרַף	296	מָנָה	323	עוּף	350	קָשַׁר
270	חָשַׁךְ	297	מָנַע	324	עָצַר	351	רָבַץ
271	חָתַם	298	מָעַל	325	עָרַב	352	רָגַז
272	טוֹב	299	מָרָה	326	עָשַׁק	353	רָגַל
273	טָמַן	300	מָשַׁךְ	327	פָּגַע	354	רוּעַ
274	טָרַף	301	נָאַף	328	פָּחַד	355	רוּשׁ

356	רָחַב	360	רָשַׁע	363	שָׁבָה	366	שָׁקַט
357	רָעַשׁ	361	שׂוּשׂ	364	שָׁטַף	367	תָּלָה
358	רָפָה	362	שָׂחַק	365	שָׁפֵל	368	תָּעָה
359	רָצַח						

LIST VI.

Verbs occurring 10–25 times.

369	אוּץ	390	בִּשַּׂר	411	דָּקַק	432	חָפָה
370	אָזַר	391	גָּאַל	412	דָּקַר	433	חָפַר
371	אָחַר	392	גָּבַר	413	דָּשֵׁן	434	חָפֵר
372	אָטַם	393	גָּדַע	414	הָדַף	435	חָפַשׂ
373	אָלַם	394	גָּדַר	415	זָהַר	436	חָצָה
374	אָמַל	395	גָּוַע	416	זוּר	437	חָצַץ
375	אָנַח	396	גָּזַז	417	זָמַם	438	חָקַק
376	אָנַף	397	גָּזַר	418	זָנַח	439	חָרַץ
377	אָרַג	398	גָּלַח	419	זָעַם	440	חָרַר
378	אָרַשׁ	399	גָּלַל	420	זָרַח	441	חָשַׂף
379	אָשַׁר	400	גָּעַל	421	חָבַל	442	חָשָׁה
380	אָתָה	401	גָּעַר	422	חָבַק	443	חָשַׁךְ
381	בָּאַשׁ	402	גָּעַשׁ	423	חָגַג	444	חָשַׁק
382	בּוּז	403	גָּרָה	424	חָדַשׁ	445	חָתַן
383	בּוּס	404	גָּרַע	425	חוּס	446	טָבַח
384	בָּלָה	405	דּוּשׁ	426	חוּשׁ	447	טָבַל
385	בָּעַל	406	דָּחָה	427	חָכָה	448	טָבַע
386	בָּעַת	407	דִּין	428	חָמַד	449	טוּחַ
387	בָּצַע	408	דָּכָא	429	חָמַם	450	טוּל
388	בָּקַק	409	דָּמָה	430	חָנֵף	451	טָעַם
389	בָּרַר	410	דָּעַךְ	431	חָסֵר	452	יָאַל

453	יָבַל	480	מוּשׁ	507	נָשָׁה	534	עָצַב
454	יָבֵשׁ	481	מָחַץ	508	נָשַׁךְ	535	עָצַם
455	יָחַם	482	מָטַר	509	נָתַךְ	536	עָרָה
456	יָחַשׁ	483	מָסַס	510	נָתַשׁ	537	עָרַץ
457	יָנָה	484	מָעַט	511	סוּג	538	עָשַׁר
458	יָעַד	485	מָרַד	512	סוּת	539	עָתַר
459	יָעַל	486	מָרַט	513	סָחַר	540	פָּאַר
460	יָצַג	487	מָרַר	514	סָכַךְ	541	פָּגַשׁ
461	יָקַר	488	מָשַׁל	515	סָכַן	542	פּוּחַ
462	יָשֵׁן	489	נָבֵל	516	סָלַל	543	פָּזַר
463	כָּבָה	490	נָבַע	517	סָעַד	544	פָּצָה
464	כָּבַשׁ	491	נָגַן	518	סָפָה	545	פָּקַח
465	כָּהָה	492	נָגַח	519	סָקַל	546	פָּרַס
466	כָּהַן	493	נָגַר	520	סָרַר	547	פָּרַע
467	כָּזַב	494	נָגַשׁ	521	סָתַם	548	פָּרַק
468	כָּחַשׁ	495	נָדַב	522	עָוָה	549	פָּרַר
469	כָּלָא	496	נָהַל	523	עָוַת	550	פָּשָׂה
470	כָּנַס	497	נָזָה	524	עָזַז	551	פָּתָה
471	כָּרָה	498	נָזַל	525	עָטָה	552	צָבָא
472	כָּתַת	499	נָזַר	526	עָטַף	553	צוּד
473	לָאָה	500	נָחַשׁ	527	עָכַר	554	צוּם
474	לָהַט	501	נָטַף	528	עָלַז	555	צוּק
475	לָוָה	502	נָעַר	529	עָלַל	556	צָמֵא
476	לָחַץ	503	נָפַח	530	עָלַם	557	צָמַת
477	לָעַג	504	נָפַץ	531	עָמַל	558	צָרַע
478	מוּג	505	נָקַף	532	עָנַג	559	קָבַל
479	מוּר	506	נָשָׂא	533	עָנַן	560	קָדַר

561 קָדַר
562 קוּץ
563 קָסַם
564 קָצַץ
565 רָבַב
566 רָבַע
567 רָגַם
568 רָגַע
569 רָדָה
570 רוּק
571 רָמָה
572 רָמַס
573 רָמַשׂ
574 רָעֵב
575 רָעַם
576 רָצַץ
577 רָקַע
578 שָׂגַב
579 שִׂיחַ
580 שָׂכַר
581 שָׁאַב
582 שָׁאַג
583 שָׁאַף
584 שָׁבַח
585 שָׁבַר
586 שָׁגָה
587 שָׁוָה
588 שׁוּט
589 שָׁוַע
590 שָׁחַח
591 שָׁזַר
592 שָׁחַר
593 שָׁכֹל
594 שָׁכַר
595 שָׁלַל
596 שָׁלַף
597 שָׁנָה
598 שָׁסָה
699 שָׁעַן
600 שָׁקַד
601 שָׁקַל
602 שָׁקַף
603 שָׁרַץ
604 שָׁרַק
605 שָׁתַל
606 תּוּר
607 תָּכַן
608 תָּמַךְ
609 תָּעַב

II. Hebrew Nouns according to Frequency of Occurrence.

LIST VII.

Nouns occurring 500–5000 times.

1	אָב	11	בַּיִן	21	כֹּהֵן	30	עַם
2	אָדָם	12	בַּיִת	22	לֵב	31	פָּנִים
3	אֲדֹנָי	13	בֵּן	23	מֵאָה	32	קוֹל
4	אָח	14	דָּבָר	24	מַיִם	33	קֹדֶשׁ
5	אֶחָד	15	דֶּרֶךְ	25	מֶלֶךְ	34	רֹאשׁ
6	אַחַר	16	הַר	26	נֶפֶשׁ	35	שִׁבְעָה
7	אִישׁ	17	חַי	27	עֶבֶד	36	שֵׁם
8	אֱלֹהִים	18	טוֹב	28	עַיִן	37	שְׁנַיִם
9	אֱנוֹשׁ	19	יָד	29	עִיר	38	שָׁנָה
10	אֶרֶץ	20	יוֹם				

LIST VIII.

Nouns occurring 300–500 times.

39	אָרוֹן	46	גָּדוֹל	53	יָם	60	מִשְׁפָּט
40	אֹהֶל	47	גּוֹי	54	כְּלִי	61	נָבִיא
41	אֶלֶף	48	דָּם	55	כֶּסֶף	62	סָבִיב
42	אַרְבָּעָה	49	זָהָב	56	לֶחֶם	63	עוֹלָה
43	אִשָּׁה	50	חֹדֶשׁ	57	מִזְבֵּחַ	64	עוֹלָם
44	בְּהֵמָה	51	חֲמִשָּׁה	58	מִלְחָמָה	65	עֵץ
45	בַּת	52	חֶרֶב	59	מָקוֹם	66	עֲשָׂרָה

67	עֶשְׂרִים	70	רַב	73	שַׂר	76	שַׁעַר
68	עֵת	71	רוּחַ	74	שְׁלשָׁה	77	תָּוֶךְ
69	פֶּה	72	שָׂדֶה	75	שָׁמַיִם		

צָבָא = Host

LIST IX.

Nouns occurring 200—300 times.

78	אֶבֶן	88	בָּשָׂר	98	מְאֹד	108	נַעַר
79	אֲדָמָה	89	גְּבוּל	99	מוֹעֵד	109	עָוֺן
80	אַיִל	90	זֶרַע	100	מַחֲנֶה	110	צֹאן
81	אֵל	91	חַטָּאת	101	מַטֶּה	111	קֶרֶב
82	אַמָּה	92	חַיִל	102	מַלְאָךְ	112	רֶגֶל
83	אַף	93	חֶסֶד	103	מִנְחָה	113	רֵעַ
84	אָרוֹן	94	כָּבוֹד	104	מַעֲשֶׂה	114	רֶשַׁע
85	בֶּגֶד	95	כַּף	105	מִשְׁפָּחָה	115	שָׁלוֹם
86	בֹּקֶר	96	לֵבָב	106	נְאֻם	116	שִׁשָּׁה
87	בְּרִית	97	לַיְלָה	107	נַחֲלָה	117	תּוֹרָה

אֵם = mother

LIST X.

Nouns occurring 100—200 times.

118	אוֹר	127	זֶבַח	136	חָצֵר	145	כֶּבֶשׂ
119	אָחוֹת	128	זָקֵן	137	חֹק	146	כֹּחַ
120	אַחֵר	129	חוֹמָה	138	חֻקָּה	147	כָּנָף
121	אֹזֶן	130	חוּץ	139	יַחַד	148	כִּסֵּא
122	אַרְבָּעִים	131	חָכָם	140	יַיִן	149	כֶּרֶם
123	בְּכוֹר	132	חָכְמָה	141	יָמִין	150	לָשׁוֹן
124	בָּקָר	133	חֵמָה	142	יֵשׁ	151	מִגְרָשׁ
125	גִּבּוֹר	134	חֲמִשִּׁים	143	יָשָׁר	152	מָוֶת
126	דּוֹר	135	חֲצִי	144	יֶתֶר	153	מְלָאכָה

154	מַמְלָכָה	165	סֵפֶר	176	צֶדֶק	187	שֵׁבֶט
155	מִסְפָּר	166	עֲבוֹדָה	177	צְדָקָה	188	שַׁבָּת
156	מַעַל	167	עֵדָה	178	צָפוֹן	189	שְׁלִישִׁי
157	מִצְוָה	168	עַמּוּד	179	צַר	190	שָׁלָל
158	מַרְאֶה	169	עָפָר	180	קָדוֹשׁ	191	שֶׁמֶן
159	מִשְׁכָּן	170	עֶצֶם	181	רִאשׁוֹן	192	שְׁמֹנָה
160	נֶגֶב	171	עֶרֶב	182	רֹב	193	שֶׁמֶשׁ
161	נַחַל (נהר = river)	172	פַּעַם	183	רֹחַב	194	שֵׁנִי
162	נְחֹשֶׁת	173	פַּר	184	רֶכֶב	195	שֶׁקֶר
163	נָשִׂיא	174	פְּרִי	185	רָעָב	196	תּוֹעֵבָה
164	סוּס	175	פֶּתַח	186	שָׂפָה	197	תָּמִיד

LIST XI.

Nouns occurring 50—100 times.

198	אֶבְיוֹן	212	אֵפוֹד	226	גָּאוֹן	240	הָמוֹן
199	אֹזֶן	213	אֵצֶל	227	גְּבוּרָה	241	זָכָר
200	אָוֶן	214	אֶרֶז	228	גִּבְעָה	242	זְרוֹעַ
201	אוֹצָר	215	אֹרַח	229	גֶּבֶר	243	חֶבֶל
202	אוֹת	216	אֲרִי	230	גּוֹרָל	244	חָג
203	אֲחֻזָּה	217	אַרְיֵה	231	גַּיְא, גַּי	245	חֹדֶשׁ
204	אַחֲרוֹן	218	אֹרֶךְ	232	גָּמָל	246	חָזָק
205	אַחֲרִית	219	אִשֶּׁה	233	גֶּפֶן	247	חִטָּה
206	אֱלוֹהַּ	220	בּוֹר	234	גֵּר	248	חֵלֶב
207	אַלּוּף	221	בֶּטֶן	235	דֶּבֶר	249	חֲלוֹם
208	אַלְמָנָה	222	בָּמָה	236	דְּבַשׁ	250	חֵלֶק
209	אָמָה	223	בַּעַל	237	דֶּלֶת	251	חֲמוֹר
210	אֱמוּנָה	224	בַּרְזֶל	238	דַּעַת	252	חָמָס
211	אֹמֶר	225	בְּרָכָה	239	הֵיכָל	253	חֵן

254	חֵץ	280	מִקְדָּשׁ	306	עֲרָבָה	332	רָצוֹן
255	חֶרְפָּה	281	מִקְנֶה	307	עֶרְוָה	333	שְׂמֹאל
256	חֹשֶׁךְ	282	מָרוֹם	308	פֵּאָה	334	שִׂמְחָה
257	טָהוֹר	283	מַשָּׂא	309	פָּרָשׁ	335	שָׂעִיר
258	טָמֵא	284	מָשִׁיחַ	310	צוּר	336	שְׁאוֹל
259	יְאֹר	285	מִשְׁמֶרֶת	311	צָרָה	337	שְׁאֵרִית
260	יוֹמָם	286	מִשְׁקָל	312	קֶבֶר	338	שְׁבִיעִי
261	יֶלֶד	287	נֶגַע	313	קָדִים	339	שִׁבְעִים
262	יַעַר	288	נֶדֶר	314	קֶדֶם	340	שׁוֹפָר
263	יְרִיעָה	289	נֶסֶךְ	315	קָהָל	341	שׁוֹר
264	יְשׁוּעָה	290	נַעֲרָה	316	קָטֹן	342	שִׁיר
265	כְּסִיל	291	סֶלָה	317	קְטֹרֶת	343	שֻׁלְחָן
266	כְּרוּב	292	סֶלַע	318	קִיר	344	שֶׁלֶם
267	כָּתֵף	293	סֹלֶת	319	קָנֶה	345	שְׁמָמָה
268	מִגְדָּל	294	עֵבֶר	320	קֵץ	346	שֵׁן
269	מָגֵן	295	עֵד	321	קָצֶה	347	שִׁפְחָה
270	מִדָּה	296	עֵדוּת	322	קָצִיר	348	שֶׁקֶל
271	מְדִינָה	297	עוֹר	323	קָרְבָּן	349	שִׁשִּׁים
272	מוּסָר	298	עֵז	324	קָרוֹב	350	תְּהִלָּה
273	מִזְמוֹר	299	עֹז	325	קֶרֶן	351	תָּמִים
274	מִזְרָח	300	עֶלְיוֹן	326	קֶשֶׁת	352	תִּפְאָרָה
275	מָחָר	301	עָמָל	327	רֵאשִׁית	353	תִּפְאֶרֶת
276	מַחֲשֶׁבֶת	302	עֵמֶק	328	רְחוֹב	354	תְּפִלָּה
277	מַלְכוּת	303	עָנִי	329	רָחֹק	355ᵃ	תְּרוּמָה
278	מְעַט	304	עָנָן	330	רִיב	355ᵇ	תְּשֻׁעָה
279	מַצָּה	305	עֵצָה	331	רֵיחַ		

LIST XII.

Nouns occurring 25—50 times.

356	אַדִּיר	381	בְּכִי	406	חִיצוֹן	431	יָפֶה
357	אַהֲבָה	382	בְּלִיַּעַל	407	חֵיק	432	יָקָר
358	אֱוִיל	383	בָּרָד	408	חָלָב	433	יִרְאָה
359	אוּלָם	384	בְּרִיחַ	409	חַלּוֹן	434	יָרֵחַ
360	אוֹפָן	385	בֶּרֶךְ	410	חֶלְקָה	435	יָרֵךְ
361	אָחוֹר	386	בֹּשֶׁת	411	חֹמֶר	436	יַרְכָּה
362	אִי	387	גָּבֹהַ	412	חֲנִית	437	יֶשַׁע
363	אֵיפָה	388	גָּג	413	חִנָּם	438	יָתוֹם
364	אֹכֶל	389	גְּדוּד	414	חָסִיד	439	כָּבֵד
365	אָמֵן	390	גּוֹלָה	415	חֵפֶץ	440	כּוֹכָב
366	אִמְרָה	391	גַּל	416	חֲצֹצְרָה	441	כּוֹס
367	אֶפֶס	392	גִּלּוּלִים	417	חָרְבָּה	442	כָּזָב
368	אֶצְבַּע	393	גֹּרֶן	418	חָרוֹן	443	כֶּלֶב
369	אַרְגָּמָן	394	גֶּשֶׁם	419	חֵרֶם	444	כַּלָּה
370	אַרְמוֹן	395	דָּגָן	420	חָרָשׁ	445	כְּלָיוֹת
371	אָשָׁם	396	דַּי	421	טַבָּח	446	כְּלִמָּה
372	אֲשֵׁרָה	397	דַּל	422	טַבַּעַת	447	כִּנּוֹר
373	אֹשֶׁר	398	דְּמוּת	423	טוּר	448	כְּפִיר
374	אָתוֹן	399	הָדָר	424	טַל	449	כַּפֹּרֶת
375	בְּאֵר	400	הוֹן	425	טֻמְאָה	450	כֻּתֹּנֶת
376	בַּר	401	זַיִת	426	טַעַם	451	לְאֹם
377	בָּז	402	זִמָּה	427	טַף	452	לְבוּשׁ
378	בָּחוּר	403	חֶדֶר	428	יוֹבֵל	453	לָבָן
379	בֶּטַח	404	חָזוֹן	429	יוֹנָה	454	לוּחַ
380	בִּינָה	405	חֵטְא	430	יְמִינִי	455	לִשְׁכָּה

456	מְאוּמָה	483	מְעִיל	510	נָכְרִי	537	עֵרֶךְ
457	מַאֲכָל	484	מֵעִים	511	נְעוּרִים	538	עָרֵל
458	מָבוֹא	485	מַעַל	512	נֶצַח	539	עֹרֶף
459	מִבְצָר	486	מַעֲלָה	513	נָקִי	540	עֵשֶׂב
460	מַגֵּפָה	487	מַעֲלָל	514	נְקָמָה	541	עֲשִׂירִי
461	מוּל	488	מְעָרָה	515	נֵר	542	עִשָּׂרוֹן
462	מוֹפֵת	489	מַעֲשֵׂר	516	נֶשֶׁר	543	עֹשֶׁר
463	מוֹצָא	490	מַצֵּבָה	517	סִיר	544	עַתּוּד
464	מוֹקֵשׁ	491	מָצוֹר	518	סֻכָּה	545	פַּח
465	מוֹשָׁב	492	מַר	519	סַף	546	פַּחַד
466	מִזְרָק	493	מֶרְכָּבָה	520	סָרִיס	547	פֶּחָה
467	מַחֲלֹקֶת	494	מִרְמָה	521	סֵתֶר	548	פִּילֶגֶשׁ
468	מָחֳרָת	495	מִשְׁכָּב	522	עָב	549	פְּלֵיטָה
469	מִטָּה	496	מָשָׁל	523	עֶבְרָה	550	פִּנָּה
470	מָטָר	497	מִשְׁנֶה	524	עֵגֶל	551	פְּנִימִי
471	מִין	498	מִשְׁתֶּה	525	עֲגָלָה	552	פֶּסַח
472	מַכָּה	499	מָתְנַיִם	526	עֵד	553	פֹּעַל
473	מָלֵא	500	נֵבֶל	527	עֵדָה	554	פְּקֻדָּה
474	מְלֹא	501	נְבֵלָה	528	עֵדֶר	555	פָּרָה
475	מִלָּה	502	נָגִיד	529	עַוְלָה	556	פָּרֹכֶת
476	מֶלַח	503	נְדָבָה	530	עִוֵּר	557	פֶּרֶץ
477	מַלְכָּה	504	נִדָּה	531	עֶזְרָה	558	פִּתְאוֹם
478	מְנוֹרָה	505	נָדִיב	532	עֹל	559	צְבִי
479	מָסָךְ	506	נָוֶה	533	עֻמָּה	560	צַד
480	מַסֵּכָה	507	נֵזֶר	534	עָנָו	561	צַוָּאר
481	מְסִלָּה	508	נָחָשׁ	535	עָנִי	562	צוֹם
482	מָעוֹז	509	נֹכַח	536	עָצוּם	563	צֵל

564	צֶלַע	579	רִנָּה	594	שׁוֹעֵר	609	תְּבוּאָה
565	צִפּוֹר	580	רֶשַׁע	595	שִׁטָּה	610	תְּבוּנָה
566	צָרַעַת	581	שֶׂה	596	שֶׁלֶם	611	תֵּבֵל
567	קוֹמָה	582	שִׂמְלָה	597	שִׁלְשׁוֹם	612	תְּהוֹם
568	קָטָן	583	שֵׂעָר	598	שְׁמוּעָה	613	תּוֹדָה
569	קְלָלָה	584	שְׂעֹרָה	599	שְׁמִינִי	614	תּוֹלְדֹת
570	קִנְאָה	585	שַׂק	600	שְׁמֹנִים	615	תּוֹלֵעָה
571	קֶצֶף	586	שָׂרִיד	601	שָׁנִי	616	תְּחִנָּה
572	קִרְיָה	587	שְׁאָר	602	שִׁקּוּץ	617	תִּירוֹשׁ
573	קָשֶׁה	588	שְׁבוּעָה	603	שֹׁרֶשׁ	618	תְּכֵלֶת
574	רְבִיעִית	589	שְׁבוּת	604	שֵׁשׁ	619	תֹּם
575	רֶחֶם	590	שְׁבִי	605	שִׁשִּׁי	620	תְּנוּפָה
576	רַחֲמִים	591	שֶׁבֶר	606	תַּאֲוָה	621	תִּקְוָה
577	רְכוּשׁ	592	שֹׁד	607	תְּאֵנָה	622	תְּרוּעָה
578	רִמּוֹן	593	שַׁדַּי	608	תֵּבָה	623	תְּשׁוּעָה

LIST XIII.

Nouns occurring 10—25 times.

624	אָבִיב	634	אוּלַי	644	אֵימָה	654	אֱלִיל
625	אַבִּיר	635	אִוֶּלֶת	645	אֵיתָן	655	אֱמֶת
626	אֲבָל	636	אוֹן	646	אַךְ	656	אַמְתַּחַת
627	אֵבֶל	637	אוּר	647	אַכְזָרִי	657	אֲנָחָה
628	אַבְנֵט	638	אֵזוֹב	648	אָכְלָה	658	אֳנִיָּה
629	אֲגַם	639	אֵזוֹר	649	אָכֵן	659	אָסִיר
630	אִגֶּרֶת	640	אֶזְרָח	650	אָלָה	660	אִסָּר
631	אַדֶּרֶת	641	אִי	651	אֵלָה	661	אָפִיק
632	אוֹב	642	אֵיד	652	אַלּוֹן	662	אֹפֶל
633	אוֹי	643	אַיָּל	653	אֵלוֹן	663	אֲפֵלָה

664	אֵפֶר	691	בַּת	718	דָּגָה	745	זְעָקָה
665	אַרְבֶּה	692	בְּתוּלִים	719	דֶּגֶל	746	זָקָן
666	אֲרֻכָּה	693	גַּאֲוָה	720	דּוֹד	747	זֵר
667	אָרֵךְ	694	גְּאֻלָּה	721	דִּין	748	חָבֵר
668	אֶשְׁכֹּל	695	גַּב	722	דִּמְעָה	749	חֶבֶר
669	אַשְׁמָה	696	גֹּבַהּ	723	דַּק	750	חוֹחַ
670	אֶתְמוֹל	697	גְּבוּלָה	724	דָּרוֹם	751	חוֹל
671	אֶתְנָן	698	גָּבִיעַ	725	דֶּשֶׁא	752	חוֹר
672	בָּדָד	699	גְּדִי	726	דָּת	753	חוֹתָם
673	בֶּדֶק	700	גֹּדֶל	727	הוֹד	754	חָזֶה
674	בֹּהֶן	701	גְּדֻלָּה	728	הַוָּה	755	חֹזֶה
675	בַּהֶרֶת	702	גָּדֵר	729	הִין	756	חִזָּיוֹן
676	בּוּז	703	גְּדֵרָה	730	הָלְאָה	757	חַטָּא
677	בִּזָּה	704	גְּוִיָּה	731	הֲלֹם	758	חִידָה
678	בָּחִיר	705	גָּזִית	732	הָרָה	759	חֵיל
679	בִּירָה	706	גַּחֶלֶת	733	הָרָר	760	חִיצוֹן
680	בִּכּוּר	707	גִּיל	734	וָו	761	חֵךְ
681	בְּכוֹרָה	708	גַּלְגַּל	735	זֵד	762	חַלָּה
682	בַּלָּהָה	709	גֻּלְגֹּלֶת	736	זָדוֹן	763	חָלִילָה
683	בֶּצַע	710	גֻּלָּה	737	זוּלָה	764	חֳלִי
684	בִּקְעָה	711	גְּמוּל	738	זָךְ	765	חֲלִיפָה
685	בַּר	712	גַּנָּב	739	זֵכֶר	766	חֲלָצַיִם
686	בְּרוֹשׁ	713	גְּעָרָה	740	זִכָּרוֹן	767	חֹם
687	בָּרִיא	714	דֹּב	741	זָנָב	768	חֶמְדָּה
688	בְּרֵכָה	715	דִּבָּה	742	זְנוּנִים	769	חָמוֹת
689	בָּרָק	716	דְּבִיר	743	זְנוּת	770	חָמֵץ
690	בֶּשֶׂם	717	דָּג	744	זַעַם	771	חַנּוּן

772	חָנֵף	799	יֳפִי	826	כְּתָב	853	מוֹסֵר
773	חָסֵר	800	יִצְהָר	827	כֹּתֶרֶת	854	מוֹרָא
774	חָפֵץ	801	יֶקֶב	828	לָבִיא	855	מְזוּזָה
775	חָפְשִׁי	802	יְקָר	829	לְבוֹנָה	856	מְזִמָּה
776	חָצִיר	803	יֶרַח	830	לְבֵנָה	857	מְחִיר
777	חֵקֶר	804	יְרֻשָּׁה	831	לַהַב	858	מַחְמָד
778	חָרֵב	805	יְשִׁימוֹן	832	לֶהָבָה	859	מַחְסֶה
779	חֹרֶב	806	יֹשֶׁר	833	לְחִי	860	מַחְסוֹר
780	חָרוּץ	807	יָתֵד	834	לַחַץ	861	מַחֲצִית
781	חֶרֶשׁ	808	יִתְרוֹן	835	לֻלָאֹת	862	מַחְתָּה
782	חֹשֶׁן	809	יֹתֶרֶת	836	לַפִּיד	863	מְחִתָּה
783	חָתָן	810	כָּבֵד	837	מָאוֹר	864	מַטֶּה
784	טֶבַח	811	כַּבִּיר	838	מֹאזְנַיִם	865	מַטָּרָה
785	טָהֳרָה	812	כַּד	839	מַבּוּל	866	מִישׁוֹר
786	טִיט	813	כְּהֻנָּה	840	מִבְחָר	867	מֵישָׁרִים
787	טֶרֶף	814	כִּיּוֹר	841	מִבְטָח	868	מַכְאוֹב
788	טְרֵפָה	815	כִּכָּר	842	מָגוֹר	869	מָכוֹן
789	יְבוּל	816	כֶּלֶא	843	מְגִלָּה	870	מְכוֹנָה
790	יַבָּשָׁה	817	כָּלָה	844	מַד	871	מִכְסֶה
791	יָגוֹן	818	כָּלִיל	845	מָדוֹן	872	מִכְשׁוֹל
792	יְגִיעַ	819	כֶּסֶל	846	מְהוּמָה	873	מִלֻּאִים
793	יִדְּעֹנִי	820	כַּעַס	847	מַהֵר	874	מְלוּכָה
794	יָחִיד	821	כֹּפֶר	848	מְהֵרָה	875	מִמְכָּר
795	יָלִיד	822	כַּפְתּוֹר	849	מוֹטָה	876	מֶמְשָׁלָה
796	יְמָנִי	823	כַּר	850	מוֹלֶדֶת	877	מָן
797	יְסוֹד	824	כַּרְמֶל	851	מוּם	878	מָנָה
798	יָע	825	כֶּשֶׂב	852	מוֹסָרוֹת	879	מְנוּחָה

880	מַס	907	מִרְעֶה	934	נַעַל	961	עָיֵף
881	מִסְגֶּרֶת	908	מַרְעִית	935	נְצִיב	962	עֵירֹם
882	מַסַּע	909	מַרְפֵּא	936	נְקֵבָה	963	עָלֶה
883	מִסְפֵּד	910	מַשְׂאֵת	937	נָקָם	964	עֲלִיָּה
884	מִסְתָּר	911	מִשְׂגָּב	938	נֶשֶׁךְ	965	עֲלִילָה
885	מָעוֹן	912	מָשׂוֹשׂ	939	נְשָׁמָה	966	עִמָּד
886	מַעְיָן	913	מְשׁוּבָה	940	נֶשֶׁף	967	עָמִית
887	מַעֲלֶה	914	מִשְׁחָה	941	נֶשֶׁק	968	עֹמֶק
888	מַעֲרָב	915	מַשְׁחִית	942	נֵתַח	969	עֹמֶר
889	מַעֲרָכָה	916	מִשְׁמָר	943	נְתִיבָה	970	עֵנָב
890	מַצָּב	917	מִשְׁעֶנֶת	944	נֶתֶק	971	עֹפֶל
891	מְצָד	918	מָתוֹק	945	סֶגֶן	972	עַפְעַפַּיִם
892	מְצוּדָה	919	מְתִים	946	סוֹד	973	עָצָב
893	מֵצַח	920	מַתָּנָה	947	סוּפָה	974	עָצֵל
894	מְצִלְתַּיִם	921	נָאָה	948	סַל	975	עָקֵב
895	מִצְנֶפֶת	922	נְבָלָה	949	סֹלְלָה	976	עֵקֶב
896	מָקוֹר	923	נֶגֶד	950	סַמִּים	977	עָקָר
897	מַקֵּל	924	נֹגַהּ	951	סְעָרָה	978	עִקֵּשׁ
898	מִקְלָט	925	נְגִינָה	952	סַפִּיר	979	עָרֹב
899	מִקְנָה	926	נָזִיר	953	סֶרֶן	980	עֹרֵב
900	מִקְצוֹעַ	927	נֶזֶם	954	עֲבֹת	981	עָרוֹם
901	מִקְשָׁה	928	נֵזֶר	955	עֲדִי	982	עָרוּם
902	מֹר	929	נְחוּשָׁה	956	עָוֶל	983	עָרִיץ
903	מַרְאָה	930	נִיחוֹחַ	957	עוֹלֵל	984	עָרְלָה
904	מֶרְחָק	931	נֵכָר	958	עַז	985	עֲרֵמָה
905	מְרִי	932	נֵס	959	עֵזֶר	986	עֲרָפֶל
906	מְרִיבָה	933	נָעִים	960	עֲטָרָה	987	עָשׁוֹר

988	עָשִׁיר	1015	צַו	1042	קַל	1069	רָעָב
989	עָשָׁן	1016	צַיִד	1043	קֶלַע	1070	רַעְיָה
990	עֹשֶׁק	1017	צֵידָה	1044	קָמָה	1071	רַעֲנָן
991	עַשְׁתֵּי	1018	צִיָּה	1045	קֶמַח	1072	רַעַשׁ
992	עַתָּה	1019	צִיץ	1046	קֵן	1073	רְפָאִים
993	פֶּגֶר	1020	צִיר	1047	קִנְיָן	1074	רָקִיעַ
994	פֶּלֶא	1021	צֶלֶם	1048	קֶסֶם	1075	רִקְמָה
995	פֶּלֶג	1022	צַלְמָוֶת	1049	קְעָרָה	1076	רִשְׁעָה
996	פָּלִיט	1023	צָמָא	1050	קָצִין	1077	רֶשֶׁת
997	פְּנִימָה	1024	צֶמֶד	1051	קְרָב	1078	שְׂאֵת
998	פֶּסַח	1025	צֶמַח	1052	קָרְחָה	1079	שְׂבָכָה
999	פְּסִילִים	1026	צֶמֶר	1053	קֶרֶס	1080	שָׂבֵעַ
1000	פֶּסֶל	1027	צִנָּה	1054	קַשׁ	1081	שָׂדַי
1001	פְּעֻלָּה	1028	צַעַד	1055	קֶשֶׁר	1082	שְׂחוֹק
1002	פְּקוּדִים	1029	צָעִיר	1056	רֹאשׁ	1083	שָׂטָן
1003	פָּקִיד	1030	צְעָקָה	1057	רְבָבָה	1084	שֵׂיבָה
1004	פֶּרֶא	1031	צְפַרְדֵּעַ	1058	רֶגַע	1085	שִׂיחַ
1005	פֶּרֶד	1032	צְרוֹר	1059	רַחוּם	1086	שָׂכִיר
1006	פֶּרַח	1033	קְבוּרָה	1060	רִיק	1087	שֵׂכֶל
1007	פַּרְסָה	1034	קִדְמָה	1061	רֵיק	1088	שָׂכָר
1008	פֵּשֶׁת	1035	קַדְמוֹנִי	1062	רֵיקָם	1089	שַׂלְמָה
1009	פַּת	1036	קָדְקֹד	1063	רַךְ	1090	שָׂמֵחַ
1010	פִּתּוּחַ	1037	קָו	1064	רֹכֵל	1091	שִׂנְאָה
1011	פְּתִי	1038	קוֹץ	1065	רֹמַח	1092	שְׂרֵפָה
1012	פָּתִיל	1039	קִינָה	1066	רִמָּה	1093	שָׂשׂוֹן
1013	צֶאֱצָאִים	1040	קַיִץ	1067	רֶמֶשׂ	1094	שָׁאוֹן
1014	צֹהַר	1041	קָלוֹן	1068	רֹעַ	1095	שְׁאֵלָה

רגלי = foot-soldier

רחב = wide after 1058

1096	שַׁאֲנָן	1114	שַׁחַת	1132	שֶׁקֶץ	1150	תַּחְתּוֹן
1097	שְׁאֵר	1115	שֹׁטֵר	1133	שְׁרִירוּת	1151	תַּחְתִּי
1098	שָׁבוּעַ	1116	שִׁירָה	1134	תָּא	1152	תִּיכוֹן
1099	שְׁבִית	1117	שִׁכּוֹר	1135	תֹּאַר	1153	תֵּימָן
1100	שִׁבֹּלֶת	1118	שְׁכֶם	1136	תֶּבֶן	1154	תָּם
1101	שַׁבָּתוֹן	1119	שָׁכֵן	1137	תַּבְנִית	1155	תְּמוֹל
1102	שְׁגָגָה	1120	שֵׁכָר	1138	תֹּהוּ	1156	תָּמָר
1103	שַׁד	1121	שֶׁלֶג	1139	תַּהְפֻּכוֹת	1157	תִּמֹרָה
1104	שֹׁהַם	1122	שֶׁלַח	1140	תּוֹכַחַת	1158	תַּנּוּר
1105	שָׁוְא	1123	שָׁלִישׁ	1141	תּוֹצָאוֹת	1159	תַּנִּין
1106	שׁוֹאָה	1124	שַׁמָּה	1142	תּוֹר	1160	תְּעָלָה
1107	שׁוֹט	1125	שָׁמִיר	1143	תּוֹשָׁב	1161	תַּעַר
1108	שׁוּל	1126	שָׁמֵן	1144	תּוּשִׁיָּה	1162	תֹּף
1109	שַׁוְעָה	1127	שֵׁמַע	1145	תַּזְנוּת	1163	תְּרָפִים
1110	שֹׁחַד	1128	שֵׁנָה	1146	תְּחִלָּה	1164	תְּשִׁיעִי
1111	שְׁחִין	1129	שְׁפִי	1147	תַּחֲנוּנִים	1165	תִּשְׁעִים
1112	שַׁחַק	1130	שָׁפָל	1148	תַּחַשׁ		
1113	שַׁחַר	1131	שִׁפְלָה	1149	תַּחַת		

שׁוֹק = leg

שׁוֹשָׁן = lily

III. Prepositions, Adverbs, Conjunctions, and Numerals.

LIST XIV.

Prepositions, and Prepositional Phrases.

1. Denoting Place.

1	אֶל	9	לְעֻמַּת	16	בְּעַד	23	תַּחַת
2	לְ	10	מוּל (מוֹל)	17	בַּעַד	24	(סָבִיב)
3	עַד	11	לִקְרַאת	18	עֵבֶר	25	(בֵּית)
4	לִפְנֵי	12	אֵצֶל	19	בְּעֵבֶר	26	חוּץ
5	לִפְנוֹת	13	בְּ	20	אַחַר	27	בְּתוֹךְ
6	נֶגֶד	14	אֵת (אֶת־)	21	אַחֲרֵי	28	בְּקֶרֶב
7	קִדְמַת	15	בֵּין	22	עַל	29	מִן
8	נֹכַח						

2. Denoting Time.

1	בְּ	4	לְ	7	פְּנוֹת	10	מֵאָז
2	מִן	5	עַד	8	אַחַר	11	בְּעוֹד
3	אֶל	6	לִפְנֵי	9	בֵּין	12	מִטֶּרֶם

3. Denoting Cause, End, Instrumentality.

1	בַּעֲבוּר	6	בְּעַד	10	מִפְּנֵי	14	בְּדֵי
2	לְבַעֲבוּר	7	עֵקֶב	11	עַל־אוֹדוֹת	15	בְּ
3	בִּגְלַל	8	עַל־עֵקֶב	12	עַל־דְּבַר	16	בְּיַד
4	יַעַן	9	לְנֹכַח	13	עַל־דִּבְרֵי	17	עַל־יַד
5	לְמַעַן						

4. *Denoting Connection, Relation, Privation.*

1	עִם	7	בְּ	13	בְּלֹא	18	בִּלְעֲדֵי
2	אֵת	8	בְּעַד	14	בְּלִי	19	חוּץ מִן
3	לְפִי	9	מְקוֹם	15	בִּלְתִּי	20	לְבַד מִן
4	בְּדֵי	10	תַּחַת	16	בְּאֶפֶס	21	מִלְּבַד
5	מְדֵי	11	מִתַּחַת	17	זוּלָתִי, זוּלַת	22	לְבַד עַל
6	מִסַּת	12	בְּאֵין				

LIST XV.

Adverbs and Adverbial Phrases.

1. *Denoting Place.*

1 אָנָה, אָן, or אַיִן, אַיֵּה
מֵאַיִן, מֵאָן
2 עַד־ מִפֹּה, אֵיפֹה, פֹּה,
פֹּה
3 אֵיכָה, and אֵיכֹה, כֹּה,
עַד־כֹּה, כֹּה וָכֹה
4 מִזֶּה וּמִזֶּה, מִזֶּה, בָּזֶה, זֶה,
אֵי זֶה, אֵי מִזֶּה
5 עַד הֵנָּה, הֵנָּה, הֲלֹם
וְהֵנָּה הֵנָּה
6 שָׁמָּה, מִשָּׁם, שָׁם
7 מִפָּנִים, לְפָנִים, פָּנִים,
נֶגֶד, מִנֶּגֶד, קֶדֶם, לְנֹכַח
8 מֵאָחוֹר, אַחַר, אָחוֹר,
אֲחֹרַנִּית, קוֹמְמִיּוּת
9 יָמִין, שְׂמֹאל
10 נֶגְבָּה, יָמָּה, קֵדְמָה,
צָפֹנָה
11 מִלְמַעְלָה, מִמַּעַל, עַל,
מַעְלָה, מַעַל
12 מַטָּה, מִתַּחַת, תַּחַת,
מִלְּמַטָּה, לְמַטָּה
13 מֵסַב, סְבִיבוֹת, סָבִיב,
מִסְּבוֹת
14 לִפְנִימָה, פְּנִימָה, מִבַּיִת,
מִפְּנִימָה
15 חוּצָה, חוּץ, הָלְאָה,
מִחוּץ, לַחוּץ, בַּחוּץ,
מֵהַחוּץ
16 אֲשֶׁר מִשָּׁם, אֲשֶׁר שָׁם,
אֲשֶׁר שָׁמָּה, אֲשֶׁר מִזֶּה,
אֶל־אֲשֶׁר, בַּאֲשֶׁר

2. *Denoting Time.*

(Many Adverbs denoting *place* are used to denote *time.*)

1 עַד־מָתַי, לְמָתַי, מָתַי
עַד־מָה
2 עַתָּה, זֶה, הַפַּעַם
3 רִאשֹׁנָה, בָּרִאשֹׁנָה
לָרִאשֹׁנָה
4 בָּאַחֲרֹנָה, אַחֲרֹנָה
לָאַחֲרֹנָה, אַחֲרֵי, אַחֲרֵי כֵן
5 אָז, אֲזַי, מֵאָז
6 לְעוֹלָם, לָעַד, תָּמִיד
נְצָחִים, לָנֶצַח, נֶצַח
לְנֵצַח
7 כַּיּוֹם, הַיּוֹם, לַיְלָה, יוֹמָם
כָּל־הַיּוֹם, כְּהַיּוֹם
8 אֶמֶשׁ, אֶתְמוֹל, תְּמוֹל
כְּבָר, לְפָנִים שִׁלְשֹׁם
יַחְדָּיו, כְּאֶחָד
9 בֹּקֶר, מִמָּחֳרָת, מָחָר
הַשְׁכֵּם
10 אַחֲרֵי כֵן, עַד־כֵּן, עוֹד
11 טֶרֶם, אֶפֶס, אֶפֶס עוֹד
לֹא עוֹד
12 קַל, מַהֵר, מְהֵרָה
13 פֶּתַע, רֶגַע, בְּאַחַת
לְפֶתַע פִּתְאֹם, פִּתְאֹם
14 לְאַט, לָאַט, אַט

3. *Denoting Quantity.*

1 כַּמָּה
2 לָרֹב, רַבַּת, רַבָּה, רַב
לְהַרְבֵּה, הַרְבֵּה
3 מְאֹד, בִּמְאֹד, מְאֹד
בִּמְאֹד, עַד־מְאֹד
4 עַל־יֶתֶר, יֶתֶר, יוֹתֵר
5 כָּלָה, כֹּל, הוֹן, דַּי
לְכָלָה, נֶצַח
6 כְּאַיִן, כִּמְעַט, מְעַט
מְעַט מְעַט
7 יַחְדָּיו, יַחַד
8 לְבָדָד, בָּדָד, לְבַד

(The Numeral Adverbs are omitted here.)

4. *Denoting Quality, Condition and Causality.*

1 בְּכֵן, כֵּן, כָּכָה, בְּכֹה, כֹּה
2 כַּאֲשֶׁר.....כֵּן, כְּ.....כֵּן
כְּ....כְּ, כְּ....וּכְ
3 עַל־, עַל־כֵּן, לָהֵן, לָכֵן
זֹאת

4 אֵיכָכָה, אֵיךְ, אֵיכָה,
אֵיפֹה,

5 עַל־מָה, לָמָה, לָמָּה,
מַדּוּעַ, בַּמֶּה

5. *Denoting Affirmation or Negation.*

1 כִּי, אָמְנָם, אָמְנָה, אָמֵן,
גַּם...גַּם, גַּם, אַף, אֶפוֹא

2 כְּאַיִן, כִּמְעַט, אוּלַי

3 בַּל, אֶפֶס, אַיִן, אַל, לֹא,
בְּלִי, בִּלְתִּי

4 בְּלִי, בַּל, אַל, לֹא, אִי

5 לָכֵן, אוּלָם, אֶפֶס, לְבַד

6 אֲבָל, אַךְ, אָכֵן, רַק

LIST XVI.

Conjunctions.

1. *Of Time.*

1 בְּטֶרֶם, טֶרֶם

2 מִן־אָז, מֵאָז

3 כְּמוֹ, כִּי, אִם

4 עַד־, עַד־כִּי, עַד־אֲשֶׁר
עַד, עַד־אֲשֶׁר־אִם, אִם

5 בְּעוֹד

6 אַחֲרֵי, אַחַר, אַחַר אֲשֶׁר
אַחֲרֵי, אֲשֶׁר

7 מִדֵּי

2. *Of Wish and Condition.*

1 לוּ, כִּי, אִם

2 כִּי־אִם, לוּלֵי or לוּלֵא

3 אִלּוּ

4 אוּלַי

3. *Of Cause, End, and Effect.*

1 עַל, בַּאֲשֶׁר, אֲשֶׁר, כִּי

2 אֲשֶׁר, עַל־כִּי, עַל־אֲשֶׁר
עַל דְּבַר אֲשֶׁר, עַל כֵּן
עַל אוֹדוֹת אֲשֶׁר
תַּחַת כִּי, תַּחַת אֲשֶׁר
יַעַן, יַעַן אֲשֶׁר, תַּחַת,
מִפְּנֵי אֲשֶׁר, יַעַן בְּיַעַן,
עֵקֶב כִּי, עֵקֶב אֲשֶׁר,
בַּעֲבוּר, בַּעֲבוּר, עֵקֶב
לְבַעֲבוּר, אֲשֶׁר

3 לְמַעַן, לְמַעַן אֲשֶׁר

4 לְבִלְתִּי, פֶּן

4. Of Contrast and Correspondence.

1 אִם....אִם , אוֹ....אוֹ , אוֹ

2 כִּי (after a negative), גַּם כִּי , אֶפֶס כִּי , כִּי אִם , עַל , אִם

3 אֲשֶׁר , כַּאֲשֶׁר

4 אַף , אַף כִּי

LIST XVII.

Numerals.

1	אֶחָד	11	אַחַד עָשָׂר	19	אַלְפַּיִם
			עַשְׁתֵּי עָשָׂר		
2	שְׁנַיִם	12	שְׁנֵים עָשָׂר	20	שְׁלֹשֶׁת אֲלָפִים
			שְׁנֵי עָשָׂר		
3	שְׁלֹשָׁה	13	שְׁלֹשָׁה עָשָׂר	21	אַרְבַּעַת אֲלָפִים
4	אַרְבָּעָה	14	מֵאָה	22	רְבָבָה
					רִבּוֹ , רִבּוֹא
5	חֲמִשָּׁה	15	מָאתַיִם	23	רִבֹּתַיִם
6	שִׁשָּׁה	16	שְׁלֹשׁ מֵאוֹת	24	שְׁלֹשׁ רִבֹּאוֹת
7	שִׁבְעָה	17	אַרְבַּע מֵאוֹת	25	אַרְבַּע רִבֹּאוֹת
8	שְׁמֹנָה	18	אֶלֶף	26	שֵׁשׁ־רִבֹּאוֹת
9	תִּשְׁעָה				
10	עֲשָׂרָה				

I. Hebrew Verbs According to Frequency of Occurrence.

LIST I.
Verbs occurring 500—5000 times.

1 Eat, devour
2 Say
3 Go in, come
4 Speak
5 Be
6 Go, walk
7 Know
8 Bring forth
9 Go out
10 Sit, dwell
11 Take
12 Die
13 Lift up, bear
14 Give
15 Pass over
16 Go up
17 Stand
18 Do, make
19 Command
20 Rise, stand
21 Call, meet
22 See
23 Set, place
24 Turn
25 Send
26 Hear, give ear to

LIST II.
Verbs occurring 200—500 times.

27 Love
28 Gather
29 Build
30 Seek
31 Bless
32 Remember
33 Be strong
34 Sin
35 Live
36 Be able
37 Add
38 Be afraid
39 Go down
40 Possess
41 Deliver
42 Prepare
43 Complete
44 Cut
45 Write
46 Be full
47 Be king, reign
48 Find
49 Make known
50 Stretch out
51 Smite
52 Fall
53 Snatch, deliver
54 Turn aside
55 Serve
56 Answer
57 Visit, number, appoint
58 Multiply, be numerous
59 Be high
60 Lie down
61 Keep, watch
62 Judge
63 Drink

LIST III.

Verbs occurring 100–200 times.

64 Perish
65 Be firm
66 Be ashamed
67 Trust
68 Perceive
69 Weep
70 Redeem
71 Be great, grow
72 Sojourn
73 Reveal, uncover
74 Tread, seek
75 Praise
76 Kill
77 Sacrifice
78 Pollute, begin
79 Encamp
80 Impute, think
81 Be unclean
82 Thank
83 Be good
84 Be left, remain
85 Be heavy
86 Cover, conceal
87 Cover, atone
88 Put on, clothe
89 Fight
90 Take, capture
91 Prophesy
92 Smite, touch
93 Approach
94 Depart
95 Turn, surround
96 Write, number
97 Abandon
98 Turn about
99 Gather together
100 Bury
101 Be holy
102 Burn incense
103 Draw near
104 Pursue
105 Run
106 Feed
107 Be glad
108 Hate
109 Burn
110 Ask
111 Remain
112 Swear
113 Break in pieces
114 Do obeisance
115 Corrupt, destroy
116 Dwell, inhabit
117 Forget
118 Cast, throw
119 Be whole
120 Pour out
121 Minister unto, serve

LIST IV.

Verbs occurring 50–100 times.

122 Be willing
123 Seize
124 Bind
125 Curse
126 Choose
127 Swallow
128 Consume
129 Cleave, split
130 Create
131 Flee
132 Cleave, cling
133 Turn, overturn
134 Sojourn
135 Commit fornication
136 Cry out
137 Sow
138 Cease
139 Be in pain, be afraid, tremble
140 See, gaze at
141 Be sick
142 Divide
143 Be gracious
144 Delight
145 Be angry
146 Plow, engrave
147 Be dismayed, terrified
148 Be clean
149 Be dry
150 Reprove
151 Give counsel
152 Pour out
153 Form

FREQUENCY OF OCCURRENCE. 35

154 Cast, instruct
155 Wash
156 Be provoked
157 Stumble
158 Lodge
159 Learn
160 Reject
161 Measure
162 Hasten
163 Sell
164 Escape
165 Anoint
166 Rule
167 Look, regard
168 Drive out, banish
169 Rest
170 Inherit
171 Plant
172 Know, be ignorant
173 Set, place
174 Be preëminent
175 Keep, watch
176 Reach
177 Shut
178 Conceal
179 Awake
180 Assist
181 Be afflicted
182 Arrange, set in order
183 Redeem
184 Scatter
185 Separate, be wonderful
186 Pray
187 Do, make
188 Separate
189 Spread out
190 Succeed, prosper
191 Cry out
192 Watch, cover
193 Distress
194 Be light, despised
195 Get, obtain
196 Rend
197 Have mercy
198 Wash
199 Be far off
200 Strive, contend
201 Ride
202 Sing, cry aloud
203 Be evil
204 Heal
205 Be pleased
206 Suffice
207 Act wisely, prosper
208 Cease, rest
209 Destroy
210 Slaughter, kill
211 Sing
212 Put, place
213 Rise early
214 Destroy
215 Be astonished, desolate
216 Drink
217 Be complete
218 Catch, seize
219 Strike, blow (a trumpet)

LIST V.
Verbs occurring 25—50 times.

220 Mourn
221 Long for
222 Shine
223 Listen
224 Be firm
225 Bake
226 Lie in ambush
227 Be long, prolong
228 Be guilty, suffer for
229 Act treacherously
230 Divide
231 Be terrified, hasten
232 Despise
233 Plunder
234 Try, prove
235 Mix, confound
236 Cut off, fortify
237 Boil
238 Be high, exalted
239 Tear away, plunder
240 Quiver, exult
241 Deal well or ill with
242 Steal
243 Drive out
244 Be like, perish

245 Be silent
246 Meditate
247 Make a noise
248 Conceive
249 Break, tear down
250 Flow
251 Sing, chant
252 Be old
253 Scatter, winnow
254 Sprinkle, strew
255 Hide
256 Join, associate
257 Bind, gird
258 Gird
259 Be wise, act wisely
260 Dream
261 Pass on (over, away), renew, change
262 Draw out
263 Pity, spare
264 Trust
265 Hew, dig
266 Search
267 Be dried up, be waste
268 Tremble
269 Upbraid, reproach
270 Withhold
271 Seal
272 Be good
273 Secrete
274 Tear off, tear in pieces
275 Labor, be weary
276 Give
277 Wait
278 Howl, wail
279 Suck, give suck
280 Found, establish
281 Chastise
282 Stand
283 Kindle, burn
284 Be straight, right
285 Contain
286 Hide, conceal
287 Be ashamed
288 Be brought low, humble
289 Bend the knee
290 Scorn
291 Gather
292 Refuse
293 Move, totter
294 Circumcise
295 Wipe off, destroy
296 Divide, allot to
297 Withhold
298 Act covertly
299 Rebel
300 Drag, pull, draw (out)
301 Commit adultery
302 Despise
303 Smite
304 Wander
305 Vow
306 Lead, drive
307 Move, nod
308 Shake, wave, sift
309 Lead
310 Spread out
311 Try, prove, tempt
312 Pour out, anoint
313 Specify, fix
314 Be pure, innocent
315 Avenge
316 Kiss
317 Break down, destroy
318 Tear (away)
319 Forgive
320 Sustain
321 Mourn
322 Testify
323 Fly
324 Restrain
325 Mix, pledge
326 Oppress
327 Meet, smite
328 Fear, tremble
329 Escape
330 Separate
331 Be fruitful
332 Sprout, flourish
333 Break (down, up), spread
334 Strip off
335 Transgress
336 Be righteous
337 Bind, press, besiege
338 Sprout
339 Conceal

340 Refine, try
341 Be before, precede
342 Congregate, assemble
343 Wait, expect, be collected
344 Be jealous
345 Be wroth, angry
346 Be short
347 Meet, happen
348 Be attentive, listen
349 Be hard
350 Bind, conspire
351 Lie down
352 Stir, be agitated
353 Spy out, slander
354 Shout
355 Be poor
356 Be wide, large
357 Shake
358 Be feeble, faint, cease
359 Kill, murder
360 Be wicked
361 Leap, exult
362 Laugh, be merry
363 Capture
364 Rush, overthrow
365 Be low, become low
366 Be quiet
367 Hang
368 Wander

LIST VI.
Verbs occurring 10—25 times.

369 Hasten
370 Gird
371 Tarry
372 Shut, close
373 Be dumb
374 Languish
375 Sigh
376 Be angry
377 Weave
378 Betroth
379 Guide right, pronounce happy
380 Come
381 Stink
382 Despise
383 Tread down
384 Waste away, decay
385 Be lord
386 Be terrified
387 Cut in pieces, plunder
388 Pour out
389 Separate, select
390 Announce glad tidings
391 Pollute
392 Prevail
393 Cut off
394 Enclose
395 Expire
396 Shear
397 Cut off
398 Shave
399 Roll
400 Abhor, cast
401 Rebuke
402 Shake
403 Stir up
404 Diminish, withhold
405 Thresh
406 Thrust down
407 Judge
408 Crush
409 Cease, destroy
410 Be quenched
411 Pulverize
412 Pierce
413 Become fat
414 Drive out
415 Shine, teach, warn
416 Boil, be presumptuous
417 Meditate
418 Loathe, cast off
419 Be angry, curse
420 Rise
421 Bind by a pledge, pervert
422 Embrace
423 Keep a feast
424 Renew
425 Pity
426 Hasten

427 Wait
428 Desire
429 Be warm
430 Defile
431 Fail, lack
432 Cover, veil
433 Dig
434 Be ashamed
435 Search
436 Divide
437 Divide
438 Grave, decree
439 Sharpen, determine
440 Be dry, burn
441 Make bare
442 Be silent
443 Be dark
444 Cleave to, love
445 Marry
446 Slaughter
447 Dip
448 Sink
449 Besmear
450 Cast down
451 Taste
452 Be willing
453 Bring
454 Be dry
455 Conceive
456 Enroll
457 Oppress
458 Appoint, meet
459 Profit
460 Set
461 Be precious
462 Sleep
463 Be quenched
464 Tread upon, subdue
465 Be dim
466 Be priest
467 Lie
468 Fail, deny
469 Shut up
470 Gather
471 Dig, buy
472 Beat
473 Be weary
474 Burn
475 Cleave, borrow, lend
476 Crush, oppress
477 Deride
478 Melt
479 Change
480 Depart
481 Strike through
482 Rain
483 Melt
484 Be few
485 Rebel
486 Polish, sharpen
487 Be bitter
488 Liken, use a proverb
489 Fade
490 Bubble up, declare
491 Play
492 Gore
493 Flow out, deliver up
494 Drive
495 Offer voluntarily
496 Lead (lie down?)
497 Sprinkle
498 Flow
499 Separate
500 Divine
501 Drop
502 Shake
503 Breathe, blow
504 Scatter
505 Go round
506 Deceive
507 Lend, borrow
508 Bite
509 Pour out
510 Pluck up
511 Turn back
512 Incite
513 Go about, trade
514 Hedge in, cover
515 Benefit, be poor
516 Raise
517 Uphold
518 Gather together, destroy
519 Stone
520 Rebel
521 Shut
522 Writhe, pervert
523 Pervert
524 Be strong
525 Cover
526 Cover, faint
527 Trouble
528 Exult
529 Glean, vex
530 Hide
531 Labor
532 Be delicate

533 Cloud, practice magic
534 Be pained, grieved
535 Be strong
536 Uncover, empty
537 Terrify
538 Be rich
539 Entreat
540 Adorn
541 Meet
542 Blow, utter
543 Scatter
544 Open wide
545 Open
546 Cleave
547 Lay bare, dismiss, lead
548 Break
549 Break
550 Spread
551 Seduce, deceive
552 Muster
553 Hunt
554 Fast
555 Distress, urge
556 Be thirsty
557 Destroy
558 Be leprous
559 Receive, be opposite
560 Bow down
561 Be dirty, mourn
562 Awake
563 Divine
564 Cut off
565 Multiply
566 Be square
567 Stone
568 Terrify, be quiet
569 Rule
570 Pour out
571 Throw, deceive
572 Tread down
573 Creep
574 Be hungry
575 Rage, thunder
576 Crush
577 Beat out
578 Be high
579 Speak, complain
580 Hire
581 Draw
582 Roar
583 Pant
584 Praise
585 Buy grain
586 Go astray
587 Be like, put
588 Go to and fro
589 Cry out
590 Bow down
591 Twine
592 Seek
593 Be bereaved
594 Drink
595 Spoil
596 Draw out
597 Repeat, change
598 Spoil
599 Lean upon
600 Watch
601 Weigh
602 Look forth
603 Swarm
604 Whistle
605 Plant
606 Search out
607 Go about, weigh
608 Uphold
609 Abhor

II. Hebrew Nouns according to Frequency of Occurrence.

LIST VII.

Nouns occurring 500—5000 times.

1 Father
2 Man, mankind
3 Lord
4 Brother
5 One
6 After
7 Man
8 God
9 Man, mankind
10 Earth
11 Between
12 House
13 Son
14 Word, thing
15 Way
16 Mountain
17 Living, life
18 Good
19 Hand
20 Day
21 Priest
22 Heart
23 Hundred
24 Water
25 King
26 Soul
27 Servant
28 Eye, fountain
29 City
30 People
31 Face
32 Voice
33 Holy
34 Head
35 Seven
36 Name
37 Two
38 Year

LIST VIII.

Nouns occurring 300—500 times.

39 Master
40 Tent
41 Ox, thousand
42 Four
43 Woman
44 Cattle
45 Daughter
46 Great
47 Nation
48 Blood
49 Gold
50 New, month
51 Five
52 Sword
53 Sea
54 Article, vessel
55 Silver
56 Bread
57 Altar
58 War
59 Place
60 Judgment, cus- [tom
61 Prophet
62 Around
63 Burnt-offering
64 Eternity
65 Tree
66 Ten
67 Twenty
68 Time

69 Mouth
70 Many
71 Spirit, wind
72 Field
73 Prince
74 Three
75 Heavens
76 Gate
77 Midst

LIST IX.

Nouns occurring 200—300 times.

78 Stone
79 Ground
80 Ram
81 Mighty one, God
82 Cubit
83 Nose, anger
84 Ark
85 Garment
86 Morning
87 Covenant
88 Flesh
89 Boundary
90 Seed
91 Sin
92 Strength
93 Kindness
94 Honor, glory
95 Palm of hand
96 Heart
97 Night
98 Exceedingly
99 Appointed time, place
100 Camp
101 Rod, tribe
102 Messenger
103 Offering
104 Work
105 Family
106 Utterance
107 Inheritance
108 Boy, servant
109 Iniquity
110 Flock
111 Midst
112 Foot
113 Friend, neighbor
114 Wicked
115 Peace
116 Six
117 Law

LIST X.

Nouns occurring 100—200 times.

118 Light
119 Sister
120 Another
121 Ear
122 Forty
123 First-born
124 Herd, cattle
125 Hero
126 Generation
127 Sacrifice
128 Old man, elder
129 Wall
130 Abroad
131 Wise
132 Wisdom
133 Heat, fury
134 Fifty
135 Half
136 Court, village
137 Statute
138 Statute
139 Together, alike
140 Wine
141 Right hand
142 There is [right
143 Straight, up-
144 Remainder
145 Lamb
146 Strength
147 Wing
148 Throne
149 Vineyard
150 Tongue
151 Produce
152 Death
153 Work
154 Kingdom
155 Number
156 Above

157 Commandment
158 Appearance
159 Dwelling, tabernacle
160 South country
161 Valley, brook
162 Brass, copper
163 Prince
164 Horse
165 Book
166 Service
167 Congregation
168 Pillar, column
169 Dust
170 Bone
171 Evening [time]
172 Tread, beat (of
173 Bullock
174 Fruit
175 Door
176 Righteousness
177 Righteousness
178 North
179 Adversary
180 Holy
181 First
182 Abundance
183 Breadth
184 Chariot
185 Famine
186 Lip, shore
187 Rod, tribe
188 Rest, sabbath
189 Third
190 Booty, prey
191 Oil, fat
192 Eight
193 Sun
194 Second
195 Falsehood
196 Abomination
197 Continuity

LIST XI.
Nouns occurring 50—100 times.

198 Needy
199 Socket
200 Iniquity
201 Treasure
202 Sign
203 Possession
204 Last
205 Latter end
206 God
207 Leader, ox
208 Widow
209 Female slave
210 Faithfulness
211 Saying
212 Ephod
213 Side, beside
214 Cedar
215 Way, path
216 Lion
217 Lion
218 Length
219 Fire-offering
220 Pit
221 Belly
222 High-place
223 Master, Baal
224 Iron
225 Blessing
226 Pride
227 Might
228 Hill
229 Mighty one, man
230 Lot
231 Valley
232 Camel
233 Vine
234 Stranger
235 Pestilence
236 Honey
237 Door
238 Knowledge
239 Temple
240 Multitude
241 Male
242 Arm, strength
243 Destruction, line
244 Festival
245 Fresh, new
246 Firm, strong
247 Wheat
248 Fat
249 Dream
250 Portion
251 He-ass
252 Violence
253 Favor, grace
254 Arrow, handle
255 Reproach

256 Darkness
257 Clean
258 Unclean
259 River, Nile
260 Daily
261 Child, youth
262 Forest
263 Curtain
264 Deliverance
265 Fool
266 Cherub
267 Shoulder
268 Tower
269 Shield
270 Measure
271 Province
272 Chastisement, warning
273 Psalm
274 East
275 To-morrow
276 Thought
277 Kingdom
278 A little
279 Unleavened food
280 Sanctuary
281 Substance
282 High-place
283 Burden, tribute
284 Anointed one
285 Observance
286 Weight
287 Stroke, plague
288 Vow
289 Libation
290 Maiden
291 Pause
292 Rock
293 Fine flour
294 Over, beyond
295 Witness
296 Testimony
297 Skin, leather
298 Goat
299 Strength
300 High
301 Labor, misery
302 Valley
303 Afflicted
304 Cloud
305 Counsel
306 Plain
307 Nakedness
308 Corner
309 Horseman
310 Rock
311 Adversary
312 Grave
313 East
314 Before, east
315 Assembly
316 Small
317 Incense
318 Side, roof
319 Stalk
320 End
321 End
322 Harvest
323 Offering
324 Near
325 Horn
326 Bow
327 Beginning
328 Street
329 Distant
330 Strife
331 Savor
332 Desire
333 Left hand
334 Rejoicing
335 Hairy, kid
336 Underworld
337 Remnant
338 Seventh
339 Seventy
340 Trumpet
341 Ox
342 Song
343 Table
344 Peace-offering
345 Desolation, waste
346 Tooth
347 Maid-servant
348 Shekel
349 Sixty
350 Praise
351 Perfect
352 Glory
353 Glory
354 Prayer
355[a] Heave-offering
355[b] Nine

LIST XII.
Nouns occurring 25—50 times.

356 Honorable
357 Love
358 Fool
359 Porch
360 Wheel
361 Behind, west
362 Where?
363 Ephah
364 Food
365 Amen
366 Saying
367 End, nothing
368 Finger
369 Purple, red
370 High-place
371 Guilt-offering
372 Shrine
373 Happiness
374 She-ass
375 Pit, well
376 Separation
377 Booty
378 Chosen, young man
379 Security
380 Intelligence
381 Weeping
382 Worthlessness
383 Hail
384 Bar, one fleeing
385 Knee
386 Shame
387 High
388 Roof
389 Troop
390 Captivity
391 Heap, billow
392 Idols
393 Threshing-floor
394 Shower, rain
395 Corn
396 Sufficiency
397 Poor, weak
398 Likeness
399 Honor
400 Wealth
401 Olive-tree
402 Wickedness
403 Inner chamber
404 Vision
405 Sin
406 Outward
407 Bosom
408 Milk
409 Window
410 Portion
411 Clay, homer
412 Spear
413 Gratis, in vain
414 Holy one
415 Delight
416 Trumpet
417 A waste
418 Heat, wrath
419 Curse
420 Engraver
421 Cook, executioner
422 Seal-ring
423 Row
424 Dew
425 Uncleanness
426 Taste
427 Infant
428 Jubilee, cornet
429 Dove
430 Right-hand
431 Fair
432 Precious
433 Fear
434 Moon
435 Thigh
436 Thigh
437 Safety, deliverance
438 Fatherless
439 Heavy
440 Star
441 Cup
442 Lie
443 Dog
444 Daughter-in-law, bride
445 Kidneys
446 Blushing, shame
447 Harp
448 Young lion
449 Place of atonement
450 Tunic
451 Nation
452 Clothing
453 White
454 Tablet
455 Chamber

456 Anything
457 Food
458 Entrance
459 Fenced place
460 Plague, smiting
461 Over against
462 Miracle
463 Going forth
464 Snare
465 Seat
466 Bowl
467 Division
468 To-morrow
469 Couch
470 Rain
471 Species
472 Smiting, blow
473 Full
474 Fullness
475 Word
476 Salt
477 Queen
478 Candle-stick
479 Veil
480 Molten image
481 Highway
482 Strength
483 Upper robe
484 Bowels
485 Trespass
486 Going up
487 Doing
488 Cave
489 Tenth part
490 Pillar
491 Siege
492 Bitter,
493 Chariot
494 Deceit
495 Bed, lying
496 Proverb
497 Copy
498 Banquet
499 Loins
500 Lyre
501 Corpse
502 Leader
503 Will-offering
504 Separation
505 Willing
506 Dwelling, habitation
507 Consecration, crown
508 Serpent
509 Over against
510 Stranger
511 Youth
512 Perpetuity
513 Innocent
514 Vengeance
515 Light, lamp
516 Eagle
517 Pot
518 Tent, booth
519 Basin
520 Eunuch, officer
521 Secrecy
522 Darkness, cloud
523 Wrath
524 Calf
525 Wagon
526 Perpetuity
527 Witness
528 Flock, order
529 Perversity
530 Blind
531 Help
532 Yoke
533 Near
534 Humble
535 Affliction
536 Mighty
537 Order
538 Uncircumcised
539 Neck
540 Herb
541 Tenth
542 Tenth-part
543 Wealth
544 He-goat
545 Snare
546 Fear, terror
547 Governor
548 Concubine
549 Escape
550 Corner
551 Within
552 Passover
553 Deed
554 Oversight
555 Cow
556 Curtain
557 Breach
558 Suddenly
559 Beauty, roe
560 Side
561 Neck
562 Fast
563 Shadow
564 Side
565 Bird
566 Leprosy
567 Height

568 Small
569 Reviling
570 Jealousy
571 Wrath
572 Walled city
573 Hard
574 Fourth part
575 Womb
576 Mercies
577 Substance
578 Pomegranate
579 Loud cry
580 Wickedness
581 Sheep
582 Raiment
583 Hair
584 Barley
585 Sack-cloth
586 Remnant
587 Remnant
588 Oath
589 Captivity
590 Captive
591 Breaking, destruction
592 Violence
593 Lofty, Šaddai
594 Gate-keeper
595 Accacia
596 Whole, perfect
597 Third day
598 Report
599 Eigth
600 Eighty
601 Scarlet
602 Abomination
603 Root
604 White linen
605 Sixth
606 Desire
607 Fig-tree
608 Ark
609 Increase
610 Reason
611 World
612 Abyss
613 Confession
614 Generations
615 Worm, crimson
616 Supplication
617 New wine
618 Blue
619 Perfection
620 Wave-offering
621 Hope
622 Shout
623 Salvation

LIST XIII.
Nouns occurring 10—25 times.

624 Ear (of grain)
625 Mighty
626 Verily, but
627 Mourning
628 Girdle
629 Pond
630 Letter
631 Mantle
632 Water-skin, familiar spirit
633 Alas!
634 Unless, perhaps
635 Folly
636 Strength
637 Light, Urim
638 Hyssop
639 Girdle, bond
640 Native
641 Where?
642 Calamity
643 Hart
644 Terror
645 Perennial, strength
646 Only, surely
647 Cruel
648 Food
649 Surely
650 Oath, curse
651 Terebinth
652 Oak
653 Oak
654 Nought
655 Truth
656 Bag
657 Sighing
658 Ship
659 Prisoner
660 Bond
661 Channel, mighty
662 Darkness
663 Darkness
664 Ashes
665 Locust

FREQUENCY OF OCCURRENCE. 47

666 Window
667 Long
668 Cluster
669 Guilty
670 Yesterday
671 Gift, hire
672 Part, separation
673 Breach
674 Thumb
675 Bright spot
676 Contempt
677 Spoil
678 Chosen
679 Palace
680 First fruits
681 First born
682 Terror
683 Spoil, profit
684 Valley, plain
685 Grain
686 Fir-tree
687 Fat
688 Pool
689 Lightning
690 Balsam spice
691 Bath (measure)
692 Virginity
693 Excellency, pride
694 Redemption
695 Back
696 Height
697 Border
698 Cup
699 Kid
700 Greatness
701 Greatness
702 Wall
703 Fold
704 Body, carcass
705 Hewing
706 Coal
707 Joy
708 Wheel, whirlwind, chaff
709 Skull
710 Spring, bowl
711 Desert, benefit
712 Thief
713 Rebuke
714 (She) bear
715 Slander
716 Oracle
717 Fish
718 Fish
719 Standard
720 Love, uncle
721 Judgment
722 Tear
723 Lean
724 South
725 Herb
726 Decree, law
727 Strength, majesty
728 Desire, calamity
729 Hin (measure)
730 Off, further
731 Hither
732 Pregnant
733 Mountain
734 Hook, nail
735 Proud
736 Pride
737 Except
738 Pure
739 Remembrance
740 Memorial
741 Tail
742 Fornication
743 Fornication
744 Indignation
745 Cry
746 Beard
747 Border, crown
748 Companion
749 Society, enchantment
750 Hook, thorn
751 Sand
752 Nobleman
753 Signet-ring
754 Breast
755 Seer
756 Vision
757 Sin, sinner
758 Riddle
759 Rampart
760 Outside
761 Palate
762 Cake
763 Far be it!
764 Sickness
765 Change
766 Loins
767 Heat
768 Desire
769 Mother-in-law
770 Leaven
771 Gracious
772 Impious
773 Destitute
774 Delighting

775 Free
776 Court, grass
777 Search
778 Dry
779 Dryness, waste
780 Active
781 Potsherd
782 Breastplate
783 Bridegroom
784 Slaughter
785 Cleansing
786 Mire
787 Green leaf, prey
788 Thing torn
789 Increase
790 Dry land
791 Sorrow
792 Labor, earnings
793 Wizard
794 Only one
795 One born
796 Right (not left)
797 Foundation
798 Shovel
799 Beauty
800 Oil
801 Wine-press
802 Preciousness, honor
803 Month
804 Possession
805 Wilderness
806 Evenness, uprightness
807 Pin
808 Pre-eminence, profit
809 Caul
810 Liver
811 Mighty
812 Pail
813 Priesthood
814 Fire-pan, laver
815 Circuit, loaf, talent
816 Prison, diverse
817 Altogether, destruction
818 Complete
819 Flank, hope
820 Vexation
821 Ransom, pitch
822 Crown, circlet
823 Lamb
824 Garden
825 Lamb
826 Writing
827 Chapiter
828 Lion
829 Frankincense
830 Brick
831 Flame
832 Flame
833 Cheek
834 Oppression
835 Loops
836 Flame, torch
837 Luminary
838 Scales
839 Flood
840 Choice
841 Trust
842 Pilgrimage
843 Roll, volume
844 Garment
845 Strife
846 Confusion, tumult
847 Quickly
848 Quickly
849 Bar, yoke
850 Birth, kindred
851 Blemish
852 Foundations
853 Bands
854 Terror
855 Door-post
856 Meditation, device
857 Price
858 Desire
859 Refuge
860 Want
861 Half
862 Censer, snuff-dish
863 Ruin
864 Beneath
865 Prison, mark
866 Plain, equity
867 Evenness, equity
868 Grief
869 Foundation, place
870 Base
871 Covering
872 Stumbling-block
873 Consecration, setting
874 Kingdom
875 Sale, ware
876 Dominion

Frequency of Occurrence.

877 Manna
878 Portion
879 Quietness
880 Tribute
881 Stronghold, border
882 Journeying
883 Lamentation
884 Secret place
885 Habitation, refuge
886 Fountain
887 Ascent
888 Barter, west
889 Battle array
890 Station, garrison
891 Stronghold
892 Prey, net, fortress
893 Forehead
894 Cymbals
895 Turban
896 Fountain
897 Rod, staff
898 Refuge
899 Purchase
900 Corner
901 Beaten work
902 Myrrh
903 Vision, mirror
904 Far off
905 Rebellion
906 Strife
907 Pasture
908 Pasturing
909 Healing, health
910 A lifting up, a gift
911 Height
912 Joy
913 Backsliding
914 Anointing, portion
915 Destroyer, destruction
916 Ward, rite
917 Staff
918 Sweet
919 Men
920 Gift [ture
921 Dwelling, pas-
922 Folly
923 Before, overagainst
924 Brightness
925 Stringed-instrument
926 One consecrated, a Nazarite
927 Ear-ring
928 Consecration, crown
929 Brass
930 Sweetness
931 Strangeness
932 Banner
933 Pleasant
934 Sandal, shoe
935 Prefect, garrison, pillar
936 Female
937 Vengeance
938 Interest
939 Breath, living thing
940 Twilight
941 Armor, arsenal
942 Piece of flesh
943 Path
944 Scab
945 Ruler
946 Secret council
947 Whirlwind
948 Basket
949 Embankment
950 Sweet spices
951 Tempest
952 Sapphire
953 Axle, lord
954 Wreath, rope
955 Ornament
956 Iniquity
957 Infant
958 Strong
959 Help
960 Crown
961 Faint
962 Nakedness
963 Leaf
964 Upper room, ascent
965 Doing
966 With [ety
967 Neighbor, soci-
968 Depth
969 Omer, sheaf
970 Grape
971 Hill, tumor
972 Eyelashes

973 Idol
974 Sluggard
975 Heel
976 Reward, be-
 cause
977 Barren
978 Perverse
979 Gadfly
980 Raven
981 Naked
982 Crafty, pru-
 dent
983 Terrible,
 powerful
984 Foreskin
985 Heap
986 Darkness
987 A decade
988 Rich
989 Smoke
990 Oppression
991 (With ten)
 eleven
992 Now
993 Carcass
994 Wonder
995 Water-course
996 Escaped one
997 Within
998 Lame
999 Graven images
1000 Image
1001 Wages, work
1002 Precepts
1003 Overseer,
 officer
1004 Wild ass
1005 Mule

1006 Flower
1007 Hoof
1008 Flax
1009 Morsel
1010 Engraving
1011 Simplicity
1012 Thread
1013 Offspring,
 produce
1014 Window, noon
1015 Command
1016 Hunting, game
1017 Provision
1018 Drought
1019 Flower, plate
1020 Hinge, mes-
 senger, pain
1021 Image
1022 Death-shade
1023 Thirst
1024 Yoke
1025 Sprout
1026 Wool
1027 Hook, shield,
 cold
1028 Step
1029 Small
1030 Cry
1031 Frog
1032 Bag, purse,
 pebble
1033 Burial, grave
1034 Eastward
1035 Eastern, an-
 cient (one)
1036 Top of the
 head
1037 Line

1038 Thorn
1039 Lamentation
1040 Fruit-harvest,
 fruit
1041 Shame
1042 Light, swift
1043 Sling, curtain
1044 Standing grain
1045 Flour
1046 Nest
1047 Getting, creat-
 ure
1048 Divination
1049 Dish
1050 Prince
1051 Coming near
1052 Baldness
1053 A hook
1054 Stubble
1055 Conspiracy
1056 Poisonous
 herb, gall
1057 Myriad
1058 Moment
1059 Merciful
1060 Vain
1061 Empty
1062 Empty
1063 Tender
1064 Merchant
1065 Spear
1066 Deceit, sloth
1067 Creeper
1068 Evil
1069 Hungry
1070 Female com-
 panion
1071 Green

1072 (Earth) quake, leaping
1073 Shades
1074 Expanse
1075 Embroidery
1076 Wickedness, injustice
1077 Net
1078 Lifting up, rising, dignity
1079 Lattice
1080 Full
1081 Field
1082 Derision, laughter
1083 Adversary, Satan
1084 Old age
1085 Speech, complaint
1086 Hireling
1087 Wisdom
1088 Hire
1089 Garment
1090 Joyful
1091 Hatred
1092 Burning
1093 Joy
1094 Noise, destruction
1095 Petition, loan
1096 Tranquil, pride
1097 Flesh
1098 Week
1099 Captivity
1100 Ear of grain, flood
1101 Rest
1102 Error
1103 Breast
1104 Onyx
1105 Emptiness, iniquity, falsehood
1106 Desolation, tempest
1107 Scourge
1108 Hem, skirt
1109 Cry
1110 Gift
1111 Boil, black leprosy
1112 Dust, sky
1113 Morning
1114 Pit
1115 Officer, scribe
1116 Song
1117 Drunken
1118 Shoulder
1119 Dweller, neighbor
1120 Strong drink
1121 Snow
1122 Weapon, plant
1123 Third, triangle, captain
1124 Astonishment, desolation
1125 Brier, diamond
1126 Fat
1127 Report
1128 Sleep
1129 Hill, wearing away
1130 Low
1131 Lowland
1132 Abomination
1133 Stubbornness
1134 Chamber
1135 Form
1136 Straw
1137 Likeness
1138 Waste
1139 Perversity, deceit
1140 Reproof
1141 Going forth, exit
1142 Turtle dove
1143 Sojourner
1144 Wisdom, help
1145 Fornication
1146 Beginning
1147 Supplication
1148 Seal
1149 Under
1150 Lower, lowest
1151 Lower, lowest
1152 Middle
1153 South
1154 Whole, perfect
1155 Yesterday
1156 Palm tree
1157 Palm tree (artificial)
1158 Furnace
1159 Sea-monster
1160 Water-course, bandage
1161 Razor
1162 Timbrel, bezel
1163 Penates
1164 Ninth
1165 Ninety

III. PREPOSITIONS, ADVERBS, CONJUNCTIONS, AND NUMERALS.

LIST XIV.

Prepositions, and Prepositional Phrases.

1. Denoting Place.

1 Unto
2 To
3 To
4 Before
5 Towards
6 Opposite, before
7 Before
8 Before
9 Near, opposite
10 Towards
11 Towards
12 By the side of
13 In
14 (Sign of definite object), with
15 Between
16 About
17 About
18 Beyond
19 Beyond
20 Behind
21 Behind
22 Upon
23 Beneath
24 Around
25 Within
26 Without
27 Within, through
28 Within
29 From

2. Denoting Time.

1 In
2 From
3 Unto
4 To
5 Till
6 Before
7 Towards
8 After
9 Between
10 Since
11 Within
12 Before

3. Denoting Cause, End, Instrumentality.

1–13 On account of, for the sake of
14 For
15–17 By

4. Denoting Connection, Relation, Privation.

1 With (prop. *conjunction*)
2 With (prop. *connection*)
3 In proportion to
4–6 According to
7–11 Instead of
12–18 Without, except
19–22 Except

LIST XV.
Adverbs and Adverbial Phrases.
1. *Denoting Place.*

1 Where? Where? Whither? Whence?
2 Here, Where? Hence, Hither
3 Here, Where? Hither, Hither and thither
4 Here, Thence, or *on one side*, On both sides, Where? Whence?
5 Hither, Hither and thither
6 There, Thence, Thither
7 In front (hence *east*)
8 Behind (hence *west*), In the background, From behind, Backward, Uprightly
9 To the right (hence *south*), To the left (hence *north*)
10 Eastward, Westward, Southward, Northward
11 Above, From above, Upwards
12 Beneath, below, downward
13 Around
14 Within, From within
15 Further, beyond, Abroad, without, From without
16 Where, From where, Whither, Where, Whither

2. *Denoting Time.*
(Many adverbs denoting *place* are used to denote *time*.)

1 When? How long?
2 Now
3 At first, At first, before
4 At last, later, In the end, Afterwards
5 Then, Formerly, before
6 Always, Perpetually, eternally
7 By day, daily, By night, To-day, At present, All the day long
8 Yesterday, Last night, The day before yesterday, Of old, Long ago, Together
9 To-morrow, On the following day, In the morning, Early
10 Again, still, Hitherto, Afterwards
11 No more, Not yet
12 Rapidly, soon
13 Suddenly
14 Slowly, softly

3. *Denoting Quantity.*

1 How much? how many? how often?
2 Much
3 Great, strongly, exceedingly
4 More, too much, Abundantly
5 Enough, Entirely, perfectly, Entirely
6 Little, Almost, Gradually
7 Together, altogether
8 Apart, separately, Alone

(The Numeral Adverbs are omitted here.)

4. Denoting Quality, Condition and Causality.

1 So, thus
2 As...thus, the more...the more
3 Therefore
4 How? How?
5 Wherefore? Why?

5. Denoting Affirmation or Negation.

1 Indeed, in truth, Exactly, indeed, Also, even, Also, Both...and
2 Perhaps, Almost
3 Not
4 Sometimes equivalent to the English prefixes *un-* and *dis-*
5 Only, however, However, on the contrary, Nevertheless
6 Indeed and *only*, In truth and *on the contrary*

LIST XVI.

Conjunctions.

1. Of Time.

1 Before
2 Since
3 When
4 While, till
5 As long as, **while**
6 After
7 Whenever

2. Of Wish and Condition.

1 If
2 Unless
3 If perhaps
4 Perhaps that

3. Of Cause, End and Effect.

1 For, because, as
2 As, because, since
3 In order that
4 Lest, So that not

4. Of Contrast and Correspondence.

1 Or, Whether....or
2 But, Although, Only that, But
3 Just as
4 How much more, Even if, even though

LIST XVII.
Numerals.

1 One	10 Ten	19 Two thousand
2 Two	11 Eleven	20 Three thousand
3 Three	12 Twelve	21 Four thousand
4 Four	13 Thirteen	22 Ten thousand
5 Five	14 One hundred	23 Twenty thousand
6 Six	15 Two hundred	24 Thirty thousand
7 Seven	16 Three hundred	25 Forty thousand
8 Eight	17 Four hundred	26 Sixty thousand
9 Nine	18 One thousand	

*IV. Verbs Arranged According to their Stems.**

LIST XVIII.

Verbs occurring only in the Simple Stems.†

(1) אָבָה (Q^{55}) *be willing.* (2) אָפָה (Q^{22}, Nĭ^{3}) *bake.* (3) בָּגַד (Q^{48}) *act treacherously, conceal.* (4) בָּנָה (Q^{350}, Nĭ^{9}) *build.* (5) גָּאַל (Q^{94}, Nĭ^{8}) *redeem.* (6) גָּזַל (Q^{29}, Nĭ^{1}) *tear away, plunder.* (7) גִּיל (Q^{44}) *quiver, exult.* (8) גָּמַל (Q^{34}, Nĭ^{2}) *deal well or ill with.* (9) דָּרַשׁ (Q^{170}, Nĭ^{7}, [Pĭ]) *tread, seek.* (10) זוּב (Q^{41}) *flow.* (11) חָגַר (Q^{42}) *gird.* (12) חָמַל (Q^{41}) *pity, spare.* (13) חָפֵץ (Q^{75}) *delight.* (14) חָשַׂךְ (Q^{26}, Nĭ^{2}) *withhold.* (15) יָהַב (Q^{35}) *give.* (16) יָכֹל (Q^{200} [Hŏ]) *be able.* (17) לָחַם (Q^{10}, Nĭ^{170}) *fight.* (18) מָנַע (Q^{25}, Nĭ^{4}) *withhold.* (19) מָשַׁח (Q^{64}, Nĭ^{5}) *anoint.* (20) נָטַע (Q^{57}, Nĭ^{1}) *plant.* (21) נָצַר (Q^{62}) *keep, watch.* (22) נָקַב (Q^{19}, Nĭ^{6}) *specify, fix.* (23) סָלַח (Q^{33}, Nĭ^{13}) *forgive.* (24) סָפַד (Q^{28}, Nĭ^{2}) *mourn.* (25) עָצַר Q^{36}, Nĭ^{10}) *restrain.* (26) פָּעַל (Q^{56}) *do, make.* (27) פָּשַׁע (Q^{40}, Nĭ^{1}) *transgress.* (28) צוּר (Q^{38}) *bind, press, besiege.* (29) קָרַע (Q^{58}, Nĭ^{5}) *rend.* (30) שָׁחַט (Q^{83}, Nĭ^{3}, [Pĭ]) *slaughter, kill.* (31) שָׁתָה (Q^{215}, Nĭ^{1}) *drink.* (32) תָּקַע (Q^{66} Nĭ^{3}) *strike, blow* (a trumpet).

*** Only some of the *most* common verbs are here classified.**
† By simple stems the Qăl and Nĭph'ăl are meant.

LIST XIX.

Verbs occurring only in Intensive* Stems.

(33) בָּקַשׁ (Pĭ^{225}, Pŭ^{3}) *seek.* (34) מָאַן (Pĭ^{41}) *refuse, reject.* (35) פָּלַל (Pĭ^{4}, Hĭthp^{80}) *pray.* (36) צָוָה (Pĭ^{500}, Pŭ^{9}) *command.* (37) שָׁרַת (Pĭ^{120}) *minister unto, serve.*

LIST XX.

Verbs occurring only in Causative† Stems.

(38) יָלַל (Hĭ^{30}, [Hŏ]) *howl, wail.* (39) נָגַד (Hĭ^{344}, Hŏ^{35}) *make known.* (40) נָגַשׁ (Hĭ^{51}) *reach.* (41) שָׁכַם (Hĭ^{65}) *rise early.* (42) שָׁלַךְ (Hĭ^{110}, Hŏ^{13},[Pĭ]) *cast, throw.*

LIST XXI.

Verbs occurring in both Simple and Intensive Stems.

(43) אָסַף (Q^{120}, Nĭ^{81}, Pĭ^{8}, Pŭ^{5}, Hĭthp^{1}) *gather.* (44) אָסַר (Q^{62}, Nĭ^{3}, Pŭ^{1}) *bind.* (45) בָּחַר (Q^{89}, Nĭ^{10}, Pŭ^{1}) *choose.* (46) בָּכָה (Q^{126}, Pĭ^{2}) *weep.* (47) בָּלַל (Q^{42}, [Hĭ], Hĭthpô^{1}) *mix, confound.* (48) בָּלַע (Q^{20}, Nĭ^{2}, Pĭ^{25}, Pŭ^{3}, Hĭthp^{1}) *swallow.* (49) גּוּר (Q^{180}, Hĭthpô^{2}) *sojourn.* (50) גָּרַשׁ (Q^{7}, Nĭ^{3}, Pĭ^{35}, Pŭ^{2}) *drive out.* (51) דָּמָה (Q^{15}, Nĭ^{1}, Pĭ^{14}, Hĭthp^{1}) *be like, destroyed.* (52) זָבַח (Q^{120}, Pĭ^{22}) *sacrifice.* (53) זָמַר (Q^{2}, Nĭ^{1}, Pĭ^{45}) *sing.* (54) זָרַק (Q^{33}, Pŭ^{2}) *sprinkle, strew.* (55) חָבַשׁ (Q^{29}, Pĭ^{2}, Pŭ^{2}) *bind, gird.* (56) חָקַר (Q^{22}, Nĭ^{4}, Pĭ^{1}) *search.* (57) חָשַׁב (Q^{76}, Nĭ^{30}, Pĭ^{16}, Hĭthp^{1}) *impute, think.* (58) טָהֵר (Q^{34}, Pĭ^{39}, Pŭ^{1}, Hĭthp^{20}) *be clean.* (59) יָסַר (Q^{3}, Nĭ^{5}, Pĭ^{30}, Nĭthp^{1},[Hĭ]) *chastise.* (60) יָעַץ (Q^{57}, Nĭ^{22}, Hĭthp^{1}) *give counsel.*

---

* That is, Pĭ'ēl, Pŭ'ăl or Hĭthpă'ēl or their equivalents.

† That is, Hĭph'îl or Hŏph'ăl.

(61) יָרֵא (Q^{266}, Nĭ^{44}, Pĭ^{5}) *be afraid.* (62) כָּבַס (Q^{3}, Pĭ^{44}, Pŭ^{2}, Hŏthp^{2}) *wash.* (63) כָּפַר (Q^{1}, Pĭ^{90}, Pŭ^{7}, Hĭthp^{1}, Nĭthp^{1}) *cover.* (64) כָּתַב (Q^{200}, Nĭ^{17}, Pĭ^{2}) *write.* (65) לָכַד (Q^{80}, Nĭ^{36}, Hĭthp^{2}) *take, capture.* (66) לָמַד (Q^{24}, Pĭ^{55}, Pŭ^{5}) *teach, learn.* (67) לָקַט (Q^{14}, Pĭ^{21}, Pŭ^{1}, Hĭthp^{1}) *gather.* (68) מָדַד (Q^{43}, Nĭ^{3}, Pĭ^{4}, Pô'ēl^{1}, Hĭthpô^{1}) *measure.* (69) מָהַר (Q^{1}, Nĭ^{4} Pĭ^{60}), *hasten.* (70) מָכַר (Q^{57}, Nĭ^{19}, Hĭthp^{4}) *sell.* (71) מָלֵא (Q^{97}, Nĭ^{36}, Pĭ^{112}, Pŭ^{1}, Hĭthp^{1}) *be full.* (72) מָשַׁךְ (Q^{30}, Nĭ^{3}, Pŭ^{3}) *drag, pull, draw (out).* (73) נָאַף (Q^{15}, Pĭ^{15}) *commit adultery.* (74) נָגַף (Q^{25}, Nĭ^{23}, Hĭthp^{1}) *smite.* (75) נָהַג (Q^{20}, Pĭ^{10}) *lead, drive.* (76) נָטַשׁ (Q^{33}, Nĭ^{5}, Pŭ^{1}) *spread out.* (77) נָצַח (Nĭ^{1}, Pĭ^{65}) *be pre-eminent.* (78) סָמַךְ (Q^{40}, Nĭ^{6}, Pĭ^{1}) *sustain.* (79) סָפַר (Q^{79}, Nĭ^{8}, Pĭ^{67}, Pŭ^{5}) *write, number.* (80) עָזַב (Q^{103}, Nĭ^{9}, Pŭ^{2}) *abandon.* (81) עָשַׁק (Q^{36}, Pŭ^{1}) *oppress.* (82) פָּרַץ (Q^{46}, Nĭ^{1}, Pŭ^{1}, Hĭthp^{1}) *break (down, up), spread.* (83) פָּרַשׂ (Q^{57}, Nĭ^{1}, Pĭ^{9}) *spread out.* (84) צָפָה (Q^{29}, Pĭ^{54}, Pŭ^{2}) *watch, cover.* (85) צָרַף (Q^{30}, Nĭ^{1}, Pĭ^{2}) *refine, try.* (86) קָבַר (Q^{86}, Nĭ^{39}, Pĭ^{6}, Pŭ^{1}) *bury.* (87) קָוָה (Q^{6}, Nĭ^{2}, Pĭ^{40}) *wait, expect, be collected.* (88) קָשַׁר (Q^{36}, Nĭ^{2}, Pĭ^{2}, Pŭ^{1}, Hĭthp^{3}) *bind, conspire.* (89) רָגַל (Q^{1}, Pĭ^{24}, Tĭph'ēl^{1}) *spy out, slander.* (90) רָחַם (Q^{1}, Pĭ^{43}, Pŭ^{6}) *have mercy.* (91) רָחַץ (Q^{69}, Pŭ^{2}, Hĭthp^{2}) *wash.* (92) רָפָא (Q^{38}, Nĭ^{17}, Pĭ^{9}, Hĭthp^{3}) *heal.* (93) רָצַח (Q^{40}, Nĭ^{2}, Pĭ^{4}, [Pŭ]) *kill, murder.* (94) שָׂרַף (Q^{102}, Nĭ^{14}, Pŭ^{1}) *burn.* (95) שָׁטַף (Q^{28}, Nĭ^{2}, Pŭ^{1}) *rush, overflow.* (96) שָׁמַר (Q^{420}, Nĭ^{36}, Pĭ^{1}, Hĭthp^{3}) *keep, watch.* (97) תָּלָה (Q^{24}, Nĭ^{2}, Pĭ^{2}) *hang.* (98) תָּפַשׂ (Q^{49}, Nĭ^{14}, Pĭ^{1}) *catch, seize.*

LIST XXII.

Verbs occurring in both Simple and Causative Stems.

(99) אוֹר (Q^{6}, Nĭ^{4}, Hĭ^{34}) *shine.* (100) אָחַז (Q^{58}, Nĭ^{7}, Pĭ^{1}, Hŏ^{1}) *seize.* (101) אָשֵׁם (Q^{33}, Nĭ^{1}, Hĭ^{1}) *be guilty, suffer for.* (102) בָּדַל (Nĭ^{10}, Hĭ^{32}) *divide.* (103) בּוֹא (Q^{2030}, Hĭ^{566}, Hŏ^{23}) *go in.* (104) בָּזָה (Q^{33}, Nĭ^{9}, Hĭ^{1}) *Despise.* (105) בָּטַח (Q^{112}, Hĭ^{5}) *trust.* (106) בָּרַח (Q^{59}, Hĭ^{6}) *flee.* (107) גָּבַהּ (Q^{24}, Hĭ^{10}) *be high, exalted.* (108) זָכַר (Q^{108}, Nĭ^{20}, Hĭ^{41}) *remember.* (109) זָקֵן (Q^{25}, Hĭ^{2}) *be old.* (110) חָדַל (Q^{57}, Hĭ^{1}) *cease.* (111) טוֹב (Q^{20}, Hĭ^{13}) *be good.* (112) טָמַן (Q^{28}, Nĭ^{1}, Hĭ^{2}) *secrete.* (113) יָטַב (Q^{43}, Hĭ^{62}) *be good.* (114) יָלַךְ (Q^{1450}, Hĭ^{46}) *go, walk.* (115) יָנַק (Q^{18}, Hĭ^{14}) *suck, give suck.* (116) יָסַף (Q^{32}, Nĭ^{6}, Hĭ^{172}) *add.* (117) יָצָא (Q^{770}, Hĭ^{300}, Hŏ^{5}) *go out.* (118) יָצַק (Q^{40}, Hĭ^{2}, Hŏ^{10}, [Pĭ]) *pour out.* (119) יָצַת (Q^{4}, Nĭ^{8}, Hĭ^{17}) *kindle, burn.* (120) יָרַד (Q^{320}, Hĭ^{67}, Hŏ^{7}) *go down.* (121) יָרָה (Q^{15}, Nĭ^{1}, Hĭ^{63}) *cast, instruct.* (122) יָשַׁע (Nĭ^{21}, Hĭ^{200}) *deliver.* (123) יָתַר (Q^{1}, Nĭ^{86}, Hĭ^{24}) *surpass, exceed.* (124) כָּלַם (Nĭ^{26}, Hĭ^{10}, Hŏ^{2}) *be ashamed.* (125) כָּנַע (Nĭ^{24}, Hĭ^{11}) *be brought low, humble.* (126) כָּרַע (Q^{30}, Hĭ^{7}) *bend the knee.* (127) מוּל (Q^{13}, Nĭ^{18}, Hĭ^{2}, Pĭl^{1}, Hĭthpô^{1}) *circumcise.* (128) מָלַךְ (Q^{300}, Nĭ^{1}, Hĭ^{49}, Hŏ^{1}) *be king, reign.* (129) מָרָה (Q^{22}, Hĭ^{22}) *rebel.* (130) מָשַׁל (Q^{76}, Hĭ^{3}) *rule.* (131) נוּחַ (Q^{34}, Hĭ^{29}, Hŏ^{1}) *rest.* (132) נוּעַ (Q^{26}, Nĭ^{2}, Hĭ^{15}) *move, nod.* (133) נָטָה (Q^{139}, Nĭ^{3}, Hĭ^{75}) *stretch out.* (134) נָצַב (Nĭ^{51}, Hĭ^{21}, Hŏ^{3}) *set, place.* (135) נָתַן (Q^{2000}, Nĭ^{82}, Hŏ^{8}) *give.* (136) עָזַר (Q^{76}, Nĭ^{4}, Hĭ^{2}) *assist.* (137) פָּגַע (Q^{38}, Hĭ^{6}) *meet, smite.* (138) פָּרַח (Q^{31}, Hĭ^{5}) *sprout, flourish.* (139) צָפַן (Q^{28}, Nĭ^{3}, Hĭ^{3}) *conceal.* (140) קָהַל (Nĭ^{19}, Hĭ^{20}) *congre-*

gate, assemble. (141) קָנָה (Q^{78}, Nĭ^{2}, Hĭ^{1}) *get, obtain.* (142) קָצַף (Q^{28}, Hĭ^{5}, Hĭthp^{1}) *be wroth, angry.* (143) רָבַץ (Q^{24}, Hĭ^{6}) *lie down.* (144) רָחַב (Q^{3}, Nĭ^{1}, Hĭ^{27}) *be wide, large.* (145) רָכַב (Q^{56}, Hĭ^{20}) *ride.* (146) רָעַע (Q^{13}, Hĭ^{68}, Hĭthpô^{2}) *be evil.* (147) רָשַׁע (Q^{9}, Hî^{25}) *be wicked.* (148) שׂים (Q^{600}, Hĭ^{2}, Hŏ^{1}) *set, place.* (149) שָׁבַע (Q^{1}, Nĭ^{152}, Hĭ^{30}) *swear.* (150) שָׁבַת (Q^{26}, Nĭ^{4}, Hĭ^{40}) *cease, rest.* (151) שִׁית (Q^{83}, Hŏ^{2}) *put, place.* (152) שָׁמַד (Nĭ^{21}, Hĭ^{69}) *destroy.* (153) שָׁפֵל (Q^{10}, Hĭ^{18}) *be low, become low.* (154) שָׁקַט (Q^{31}, Hĭ^{10}) *be quiet.*

LIST XXIII.

Verbs occurring in Intensive and Causative Stems.

(155) נָבַט (Pĭ^{1}, Hĭ^{68}) *look, regard.* (156) קָדַם (Pĭ^{24}, Hĭ^{2}) *be before, precede.* (157) קָנָא (Pĭ^{30}, Hĭ^{3}) *be jealous.* (158) רוּעַ (Pôl^{1}, Hĭ^{40}, Hĭthpô^{3}, [Nĭ]) *shout.* (159) שָׁקָה (Pŭ^{1}, Hĭ^{72}) *drink.*

LIST XXIV.

Verbs occurring in Simple, Intensive and Causative Stems.

(160) אָבַד (Q^{118}, Pĭ^{40}, Hĭ^{26}) *perish.* (161) אָבַל (Q^{18}, Hĭ^{2}, Hĭthp^{19}) *mourn.* (162) אָכַל (Q^{750}, Nĭ^{44}, Pĭ^{1}, Pŭ^{5}, Hĭ^{21}) *eat, devour.* (163) אָמֵן (Q^{15}, Pĭ^{19}, Hĭ^{2}, Hĭthp^{4}) *be firm.* (164) אָמַר (Q^{5000}, Nĭ^{22}, Hĭ^{2}, Hĭthp^{2}) *say.* (165) אָרַר (Q^{52}, Nĭ^{1}, Pĭ^{3}, Hŏ^{1}) *curse.* (166) בָּהַל (Nĭ^{24}, Pĭ^{10}, Pŭ^{2}, Hĭ^{3}) *be terrified, hasten.* (167) בּוֹשׁ (Q^{95}, Pôl^{2}, Hĭ^{11}, Hĭthpô^{1}) *be ashamed.* (168) בִּין (Q^{70}, Nĭ^{22}, Hĭ^{56}, Pôlēl^{1}, Hĭthpô^{22}) *perceive.* (169) בָּעַר (Q^{41}, Nĭ^{4}, Pĭ^{40}, Pŭ^{3}, Hĭ^{8}) *consume.* (170)

בָּקַע (Q^{16}, Nĭ^{15}, Pĭ^{12}, Pŭ^{3}, Hĭ^{2}, Hŏ^{1}, Hĭthp^{2}) *cleave, split.* (171) בָּרָא (Q^{38}, Nĭ^{10}, Pĭ^{4}, [Hĭ]) *create.* (172) בָּשַׁל (Q^{2}, Pĭ^{21}, Pŭ^{4}, Hĭ^{1}) *boil.* (173) גָּדַל (Q^{54}, Pĭ^{25}, Pŭ^{1}, Hĭ^{34}, Hĭthp^{4}) *be great.* (174) גָּלָה (Q^{50}, Nĭ^{31}, Pĭ^{54}, Pŭ^{2}, Hĭ^{40}, Hŏ^{7}, Hĭthp^{2}) *reveal.* (175) גָּנַב (Q^{30}, Nĭ^{1}, Pĭ^{2}, Pŭ^{4}, Hĭthp^{4}) *steal.* (176) דָּבַק (Q^{39}, Pŭ^{2}, Hĭ^{12}, Hŏ^{1}) *cleave, split.* (177) דָּבַר (Q^{41}, Nĭ^{4}, Pĭ^{1050}, Pŭ^{2}, Hĭ^{2}, Hĭthp^{4}) *speak.* (178) דָּמַם (Q^{21}, Nĭ^{7}, Pô'ēl^{1}, Hĭ^{1}) *be silent.* (179) הָלַל (Q^{5}, Pĭ^{108}, Pŭ^{10}, Pô'ēl^{5}, Pô'ăl^{1}, Hĭ^{3}, Hĭthp^{23}, Hĭthpô^{4}) *praise.* (180) הָפַךְ (Q^{56}, Nĭ^{34}, Ho^{1}, Hĭthp^{4}) *turn, overthrow.* (181) זָנָה (Q^{86}, Pŭ^{1}, Hĭ^{9}) *commit fornication.* (182) חָבָא (Nĭ^{15}, Pŭ^{1}, Hĭ^{6}, Hŏ^{1}, Hĭthp^{10}) *hide.* (183) חָבַר (Q^{10}, Pĭ^{9}, Pŭ^{5}, Hĭ^{1}, Hĭthp^{4}) *join, associate.* (184) חוּל (Q^{42}, Pôlēl^{11}, Pôlăl^{4}, Hĭ^{2}, Hŏ^{1}, Hĭthpô^{3}, Hĭthpăl^{1}) *be in pain, be afraid, tremble.* (185) חָזַק (Q^{80}, Pĭ^{62}, Hĭ^{118}, Hithp^{27}) *be strong.* (186) חָטָא (Q^{190}, Pĭ^{14}, Hĭ^{32}, Hĭthp^{9}) *sin.* (187) חָכַם (Q^{18}, Pĭ^{3}, Pŭ^{2}, Hĭ^{1}, Hĭthp^{2}) *be wise, act wisely.* (188) חָלַל (Q^{2}, Nĭ^{8}, Pĭ^{68}, Pŭ^{2}, Hĭ^{3}, Hŏ^{1}, Pô'ēl^{2}, Pô'ăl^{1}) *profane, begin.* (189) חָלַף (Q^{16}, Pĭ^{2}, Hĭ^{10}) *pass on, (over, away), change, renew.* (190) חָלַץ (Q^{22}, Nĭ^{7}, Pĭ^{14}, Hĭ^{1}) *draw out.* (191) חָלַק (Q^{19}, Nĭ^{8}, Pĭ^{26}, Pŭ^{3}, Hĭ^{7}, Hĭthp^{1}) *divide.* (192) חָנַן (Q^{54}, Nĭ^{1}, Pĭ^{2}, Pô'ēl^{2}, Hŏ^{2}, Hĭthp^{16}) *be gracious.* (193) חָצַב (Q^{22}, Nĭ^{1}, Pŭ^{1}, Hĭ^{1}) *hew, dig.* (194) חָתַם (Q^{23}, Nĭ^{2}, Pĭ^{1}, Hĭ^{1}) *seal.* (195) חָתַת (Q^{17}, Nĭ^{30}, Pĭ^{2}, Hĭ^{5}) *be dismayed.* (196) טָמֵא (Q^{77}, Nĭ^{17}, Pĭ^{50}, Pŭ^{1}, Hĭthp^{15}, Hŏthp^{1}) *be unclean.* (197) טָרַף (Q^{20}, Nĭ^{2}, Pŭ^{2}, Hĭ^{1}) *tear off, tear in pieces.* (198) יָבֵשׁ (Q^{41}, Pĭ^{3}, Hĭ^{16}) *be dry.* (199) יָגַע (Q^{20}, Pĭ^{2}, Hĭ^{3}) *labor, be weary.* (200) יָדָה (Q^{1}, Pĭ^{2}, Hĭ^{95}, Hĭthp^{11}) *thank.* (201) יָדַע (Q^{920}, Nĭ^{41}, Pĭ^{1}, Pô^{1}, Pŭ^{7}, Hĭ^{71}, Hŏ^{2}, Hĭthp^{2}) *know.* (202) יָחַל (Nĭ^{3}, Pĭ^{23}, Hĭ^{14}) *wait.* (203) יָכַח (Nĭ^{3}, Hĭ^{54}, Hŏ^{1}, Hĭthp^{2}) *reprove.* (204) יָלַד (Q^{250}, Nĭ^{38}, Pĭ^{10}, Pŭ^{28}, Hĭ^{170}, Hŏ^{3}, Hĭthp^{1}) *bring forth.* (205) יָסַד (Q^{19}, Nĭ^{4}, Pĭ^{10}, Pŭ^{6}, Hŏ^{3}) *found, establish.* (206) יָצַר (Q^{59}, Nĭ^{1}, Pŭ^{1}, Hŏ^{1}) *form.* (207) יָרַשׁ (Q^{166}, Nĭ^{4}, Pĭ^{2}, Hĭ^{67}) *possess.* (208) יָשַׁב (Q^{1000}, Nĭ^{9}, Pĭ^{1}, Hĭ^{38}, Hŏ^{2}) *sit, dwell.* (209) יָשַׁר (Q^{13}, Pĭ^{10}, Pŭ^{1}, Hĭ^{3}) *be straight, right.* (210) כָּבֵד (Q^{25}, Nĭ^{29}, Pĭ^{38}, Pŭ^{3}, Hĭ^{17}, Hĭthp^{2}) *be heavy.* (211) כּוּל (Q^{1}, Hĭ^{11}, Pĭlpēl^{24}, Pŏlpăl^{1}) *contain.* (212) כָּחַד (Nĭ^{11}, Pĭ^{15}, Hĭ^{6}) *hide, conceal.* (213) כָּסָה (Q^{3}, Nĭ^{2}, Pĭ^{128}, Pŭ^{7}, Hĭthp^{9}) *cover, conceal.* (214) כָּעַס (Q^{6}, Pĭ^{2}, Hĭ^{46}) *be provoked.* (215) כָּרַת (Q^{130}, Nĭ^{80}, Pŭ^{2}, Hĭ^{80}, Hŏ^{1}) *cut.* (216) כָּשַׁל (Q^{29}, Nĭ^{24}, Pĭ^{1}, Hĭ^{9}, Hŏ^{1}) *stumble.* (217) לָבַשׁ (Q^{80}, Pŭ^{4}, Hĭ^{32}) *put on, clothe.* (218) לוּץ (Q^{17}, Pôlēl^{1}, Hĭ^{9}, Hĭthpô^{1}) *scorn.* (219) מוֹט (Q^{13}, Nĭ^{23}, Hĭ^{2}, Hĭthp^{1}) *move, totter.* (220) מוּת (Q^{640}, Pôlēl^{9}, Hĭ^{140}, Hŏ^{68}) *die.* (221) מָלַט (Nĭ^{63}, Pĭ^{28}, Hĭ^{2}, Hĭthp^{2}) *escape.* (222) נָאַץ (Q^{8}, Pĭ^{15}, Hĭ^{1}, Hĭthpô^{1}) *despise.* (223) נָגַע (Q^{105}, Nĭ^{1}, Pĭ^{3}, Pŭ^{1}, Hĭ^{38}) *smite, touch.* (224) נָגַשׁ (Q^{68}, Nĭ^{17}, Hĭ^{37}, Hŏ^{2}, Hĭthp^{1}) *approach.* (225) נָדַד (Q^{22}, Pô^{1}, Hĭ^{11}, Hŏ^{2}, Hĭthpô^{1}) *wander.* (226) נָדַח (Q^{2}, Nĭ^{21}, Pŭ^{1}, Hĭ^{27}, Hŏ^{1}) *drive out, banish.* (227) נוּף (Q^{1}, Pôlēl^{1}, Hĭ^{34}, Hŏ^{1}) *shake, wave, sift.* (228) נָחַל (Q^{30}, Pĭ^{6}, Hĭ^{17}, Hŏ^{1}, Hĭthp^{7}) *inherit.* (229) נָכַר (Nĭ^{2}, Pĭ^{5}, Hĭ^{39}, Hĭthp^{4}) *know, be ignorant.* (230) נָסַךְ (Q^{7}, Nĭ^{1}, Pĭ^{1}, Hĭ^{14}, Hŏ^{2}) *pour out, anoint.* (231) נָסַע (Q^{135}, Nĭ^{2}, Hĭ^{8}) *depart.* (232) נָפַל (Q^{350}, Hĭ^{61}, Hĭthp^{5}, Pĭl^{1}) *fall.* (233) נָצַל (Nĭ^{15}, Pĭ^{4}, Hĭ^{188}, Hŏ^{1},

Hĭthp¹) *snatch, deliver.* (234) נָקַם (Q¹³, Nĭ¹², Pĭ², Hŏ³, Hĭthp⁴) *avenge.* (235) נָשָׂא (Q⁶⁵⁰, Nĭ³², Pĭ¹³, Hĭ², Hĭthp⁹) *lift up, bear.* (236) נָתַץ (Q³⁰, Nĭ², Pĭ⁷, Pŭ¹, Hŏ¹) *break down, destroy.* (237) נָתַק (Q³, Nĭ¹⁰, Pĭ¹¹, Hĭ², Hŏ¹) *tear (away).* (238) סָבַב (Q⁶⁶, Nĭ⁴⁰, Pĭ¹, Pô'ēl¹¹, Hĭ³², Hŏ⁶) *turn, surround.* (239) סָגַר (Q⁴⁴, Nĭ⁸, Pĭ⁴, Pŭ⁵, Hĭ³⁰) *shut.* (240) סוּר (Q¹⁵⁰, Hĭ¹³⁷, Hŏ⁵, Pôlēl¹) *turn aside.* (241) סָתַר (Q¹, Nĭ³⁰, Pĭ¹, Pŭ¹, Hĭ⁴⁵, Hĭthp⁵) *conceal.* (242) עָבַד (Q²⁶⁸, Nĭ⁴, Pŭ², Hĭ⁸, Hŏ⁴) *serve.* (243) עוּד (Q¹, Pĭ¹, Hĭ³⁹, Hŏ¹, Hĭthpăl¹, Pĭlēl²) *testify.* (244) עוּר (Q¹⁴, Nĭ⁷, [Pôlēl¹³, Pĭlpēl] Hĭ³¹, [Hĭthpô⁴]) *awake.* (245) עוּף (Q²⁴, Pôlēl⁵, Hĭ², Hĭthpô¹) *fly.* (246) פָּדָה (Q⁵⁵, Nĭ³, Hĭ¹, Hŏ¹) *redeem.* (247) פּוּץ (Q¹³, Nĭ¹⁵, Pôlēl¹, Pĭlpēl¹, Hĭ³⁶, Hĭthpăl¹) *scatter.* (248) פָּחַד (Q²², Pĭ², Hĭ¹) *fear, tremble.* (249) פָּלָא (Nĭ⁵⁶, Pĭ², Hĭ¹⁰, Hĭthp¹) *separate, be wonderful.* (250) פָּלַט (Q¹, Pĭ²³, Hĭ²) *escape.* (251) פָּנָה (Q¹¹⁶, Pĭ²⁸, Hĭ⁸, Hŏ²) *turn about.* (252) פָּקַד (Q²³⁶, Nĭ²¹, Pĭ¹, Pŭ², Hĭ²⁹, Hŏ⁸, Hĭthp⁴, Hŏthp⁴) *visit, number, appoint.* (253) פָּרַד (Q¹, Nĭ¹², Pĭ¹, Pŭ¹, Hĭ⁷, Hĭthp⁴) *separate.* (254) פָּשַׁט (Q²⁴, Pĭ³, Hĭ¹⁵, Hĭthp¹) *strip off.* (255) צָדַק (Q²², Nĭ¹, Pĭ⁵, Hĭ¹², Hĭthp¹) *be righteous.* (256) צָעַק (Q⁴⁶, Nĭ⁶, Pĭ¹, Hĭ¹) *cry out.* (257) צָרַר (Q⁴⁵, Pŭ¹, Hĭ¹⁰) *distress.* (258) קָדַשׁ (Q¹¹, Nĭ¹¹, Pĭ⁷⁶, Pŭ⁵, Hĭ⁴⁴, Hĭthp²⁴) *be holy.* (259) קוּם (Q⁴⁵⁰, Pĭ¹¹, Pôlēl⁴, Hĭ¹⁴⁵, Hŏ³, Hĭthpô⁴) *rise, stand.* (260) קָלַל (Q¹², Nĭ¹¹, Pĭ⁴⁰, Pŭ³, Hĭ¹³, Pĭlpēl³, Hĭthpălp¹) *be light, despised.* (261) קָרָא (Q⁷⁷⁹, Nĭ⁶⁸, Pŭ⁷, Hĭ¹) *call, meet.* (262) קָרַב (Q⁹³, Nĭ², Pĭ⁷, Hĭ⁸⁶) *draw near.* (263) קָשָׁה (Q⁵, Nĭ¹, Pĭ¹, Hĭ²¹) *be hard.* (264) רָגַז (Q³⁰, Hĭ⁷, Hĭthp⁴) *stir, be* agitated. (265) רוּם (Q⁷⁰, Pôlēl²⁴, Pôlăl³, Hĭ⁹², Hŏ³, Hĭthpăl¹) be high. (266) רוּץ (Q⁹⁴, Pôlēl¹, Hĭ⁶) run. (267) רָחַק (Q²⁹, NĬ¹, PĬ⁴, HĬ²⁴) be far off. (268) רָנַן (Q¹⁹, PĬ²⁸, Pŭ¹, HĬ⁵, Hĭthpô¹) sing, cry aloud. (269) שָׂבַע (Q⁷⁹, PĬ², HĬ¹⁵) suffice. (270) שָׂחַק (Q¹⁸, PĬ¹⁷, HĬ¹) laugh, be merry. (271) שָׂכַל (Q¹, PĬ¹, HĬ⁷⁴) act wisely, prosper. (272) שָׁאַל (Q¹⁶⁵, NĬ³, PĬ², HĬ²) ask. (273) שָׁבַר (Q⁵⁵, NĬ⁵⁶, PĬ³⁶, HĬ¹, Hŏ¹) break in pieces. (274) שָׁדַד (Q³¹, NĬ¹, PĬ², Pô¹, Pŭ¹⁸, Hŏ²) destroy. (275) שׁוּב (Q⁶⁸², Pôlēl¹², Pôlăl¹, HĬ⁴⁰⁰, Hŏ¹⁵) turn. (276) שָׁחָה (Q¹, HĬ¹, Hĭthpălēl¹⁷⁰) do obeisance. (277) שָׁחַת (NĬ⁶, PĬ³⁹, HĬ¹⁰⁴, Hŏ²) corrupt, destroy. (278) שִׁיר (Q⁴⁶, Pôlēl³⁴, Hŏ¹) sing. (279) שָׁלַח (Q⁵⁶⁰, NĬ¹, PĬ²⁶⁰, Pŭ¹⁰, HĬ⁶) send. (280) שָׁמֵם (Q³⁶, NĬ²⁵, Pô'ēl⁴, HĬ¹⁷, Hŏ⁴, Hĭthpô⁵) astonished, be desolate. (281) שָׁמַע (Q¹⁰⁰⁰, NĬ⁴², PĬ², HĬ⁶⁰) hear.

V. Verbs Arranged according to the Character of their Radicals.[1]

LIST XXV.

Strong Verbs.

[In the following list, Q* designates a Qal with *a* in the *Imperfect* and *Imperative*; Pi* designates a Pi'el with *a* in the Perfect 3 m. sg.]

(1) בָּגַד (Q) *deal treacherously.* (2) בָּדַל (Nĭ, Hĭ) *divide.* (3) בָּקַשׁ (Pĭ, Pŭ) *seek.* (4) בָּשַׁל (Q, Pĭ, Pŭ, Hĭ) *boil.* (5) גָּדַל (Q*, Pĭ, Pŭ, Hĭ, Hĭthp.) *be great.* (6) גָּזַל (Q, Nĭ) *tear away.* (7) גָּמַל (Q) *deal well or ill with.* (8) גָּנַב (Q, Nĭ, Pĭ, Pŭ, Hĭthp) *steal.* (9) דָּבַק (Q*, Pŭ, Hĭ, Hŏ) *cleave to.* (10) דָּבַר (Q, Nĭ, Pĭ, Pŭ, Hĭ, Hĭthp) *speak.* (11) דָּרַשׁ (Q, Nĭ) *tread, seek.* (12) זָכַר (Q, Nĭ, Hĭ) *remember.* (13) זָמַר (Q, Nĭ, Pĭ) *sing.* (14) זָקֵן (Q*, Hĭ) *be old.* (15) טָמַן (Q, Nĭ, Hĭ) *secrete.* (16) כָּבֵד (Q*, Nĭ, Pĭ, Pŭ, Hĭ, Hĭthp) *be heavy.* (17) כָּבַס (Q, Pĭ, Pŭ, Hŏthp) *wash.* (18) כָּלַם (Nĭ, Hĭ, Hŏ) *be ashamed.* (19) כָּפַר (Pĭ, Pŭ, Hĭthp, Nĭthp) *cover.* (20) כָּשַׁל (Q, Nĭ, Pĭ, Hĭ, Hŏ) *stumble.* (21) כָּתַב (Q, Nĭ, Pĭ) *write.* (22) לָבַשׁ (Q*, Pŭ, Hĭ) *put on.* (23) לָכַד (Q, Nĭ, Hĭthp) *capture.* (24) לָמַד (Q*, Pĭ, Pŭ) *learn.* (25) לָקַט (Q, Pĭ, Pŭ, Hĭthp) *gather.* (26) מָכַר (Q, Nĭ, Hĭthp.) *sell.* (27) מָלַט (Nĭ, Pĭ, Hĭ, Hĭthp) *escape.* (28) מָלַךְ (Q, Nĭ, Hĭ,

---
[1] Only the most common verbs are here classified.

Hŏ) *be king.* (29) מָשַׁךְ (Q, Nĭ, Pŭ) *prolong.* (30) מָשַׁל (Q, Hĭ) *rule.* (31) סָגַר (Q, Nĭ, Pŭ, Hĭ) *close.* (32) סָמַךְ (Q, Nĭ, Pĭ) *sustain.* (33) סָפַד (Q, Nĭ) *mourn.* (34) סָפַר (Q, Nĭ, Pĭ, Pŭ) *number.* (35) סָתַר (Q*, Nĭ, Pĭ, Pŭ, Hĭ, Hĭthp) *conceal.* (36) פָּלַט (Q, Pĭ, Hĭ) *escape.* (37) פָּקַד (Q, Nĭ, Pĭ, Pŭ, Hĭ, Hŏ, Hĭthp, Hŏthp) *visit.* (38) פָּשַׁט (Q*, Pĭ, Hĭ, Hĭthp) *strip off.* (39) צָדַק (Q*, Nĭ, Pĭ, Hĭ, Hĭthp) *be righteous.* (40) צָפַן (Q, Nĭ, Hĭ) *conceal.* (41) קָבַר (Q, Nĭ, Pĭ, Pŭ) *bury.* (42) קָדַם (Pĭ, Hĭ) *be before.* (43) קָדַשׁ (Q*, Nĭ, Pĭ*, Pŭ, Hĭ, Hĭthp) *be holy.* (44) קָצַף (Q, Hĭ, Hĭthp) *be wroth.* (45) קָשַׁר (Q, Nĭ, Pĭ, Pŭ, Hĭthp) *bind, conspire.* (46) רָבַץ (Q*, Hĭ) *crouch.* (47) רָגַז (Q*, Hĭ, Hĭthp) *tremble.* (48) רָגַל (Q, Pĭ, Tĭph'ēl) *tread, spy.* (49) רָכַב (Q*, Hĭ) *ride.* (50) שָׂכַל (Q, Pĭ, Hĭ) *be wise.* (51) שָׂכַר (Q, Nĭ, Hĭthp) *hire.* (52) שָׁבַר (Q, Nĭ, Pĭ*, Hĭ, Hŏ) *break in pieces.* (53) שָׁבַת (Q, Nĭ, Hĭ) *cease, rest.* (54) שָׁטַף (Q, Nĭ, Pŭ) *overflow.* (55) שָׁכֹל (Q*, Pĭ, Hĭ) *be bereaved.* (56) שָׁכַם (Hĭ) *rise early.* (57) שָׁלַךְ (Hĭ, Hŏ) *cast, send.* (58) שָׁמַד (Nĭ, Hĭ) *destroy.* (59) שָׁמַר (Q, Nĭ, Pĭ, Hĭthp) *keep.* (60) שָׁפֵל (Q*, Hĭ) *become low.* (61) שָׁקַט (Q, Hĭ) *be quiet.* (62) תָּפַשׂ (Q, Nĭ, Pĭ) *catch.*

LIST XXVI.

'פ Guttural Verbs.[1]

[In the following list those with the Qal indicated by Q, have for their Imperfect a form like יַעֲטֹל; Q* indicates an Imperfect like יֶעֱטַל; Q†, like יַעְטֹל; Q**, like יֶעְטַל; Q††, like יֶעֱטֹל or יֶעְטֹל; Hi indicates a Perfect like הֶעֱטִיל, *but* Hi*, like הֶעְטִיל; Ni, a Perfect like נֶעֱטַל, *but* Ni*, like נֶעְטַל.]

(1) אָבַל (Q*, Hĭ, Hĭthp) *mourn.* (2) אָמֵץ (Q*, Pĭ, Hĭ, Hĭthp) *be established.* (3) אָסַף (Q††, Nĭ, Pĭ, Pŭ, Hĭthp) *gather.* (4) אָסַר (Q††, Nĭ*, Pŭ) *bind.* (5) אָשֵׁם (Q**, Nĭ*, Hĭ*) *be guilty, destroy.* (6) הָפַךְ (Q, Nĭ*, Hŏ, Hĭthp) *overturn.* (7) חָבַר (Q, Pĭ (with ult. ă), Pŭ, Hĭ*, Hĭthp) *join.* (8) חָבַשׁ (Q, Q*, Pĭ, Pŭ) *bind, gird.* (9) חָגַר (Q†) *gird.* (10) חָדַל (Q**, Hĭ) *cease.* (11) חָזַק (Q*, Pĭ (with ult. ă), Hĭ, Hĭthp) *be strong.* (12) חָכַם (Q**, Pĭ, Pŭ, Hĭ*, Hĭthp) *be wise.* (13) חָלַף (Q, Pĭ, Hĭ) *change.* (14) חָלַץ (Q, Nĭ, Pĭ, Hĭ) *draw out.* (15) חָלַק (Q, Nĭ*, Pĭ, Pŭ, Hĭ, Hĭthp) *distribute.* (16) חָמַל (Q†) *pity, spare.* (17) חָפֵץ (Q†, Q**) *delight.* (18) חָצַב (Q†, Nĭ*, Pŭ, Hĭ) *dig.* (19) חָקַר (Q†, Nĭ*, Pĭ) *search.* (20) חָשַׁב (Q†, Nĭ*, Pĭ (with ult. ă), Hĭthp) *think, impute.* (21) חָשַׂךְ (Q†, Nĭ*) *withhold.* (22) חָתַם (Q†, Nĭ*, Pĭ, Hĭ*) *seal.* (23) עָבַד (Q, Nĭ, Pŭ, Hĭ, Hŏ) *serve.* (24) עָבַר (Q, Nĭ, Pĭ (with ult. ă), Hĭ, Hĭthp) *pass over.* (25) עָזַב (Q, Nĭ, Pŭ) *abandon.* (26) עָזַר (Q, Q†, Nĭ, Hĭ*) *assist.* (27) עָמַד (Q, Hĭ, Hŏ) *stand.* (28) עָצַר (Q†, Nĭ*) *restrain.* (29) עָשַׁק (Q, Pŭ) *oppress.*

---

[1] In List XXXIX. will be found the most common 'פ guttural verbs which are also ל"ה.

LIST XXVII.

ע' Guttural Verbs.

[In the following list Q* indicates an Imperfect like יְקֵאֹל; Pi*, Pu*, and Hithp* indicate that in these stems Daghes-forte is implied.]

(1) גָּאַל (Q, Nĭ, Pĭ, Pŭ, Hĭ, Hĭthp) *redeem.* (2) מָאֵן (Pĭ) *refuse.* (3) שָׁאַל (Q, Nĭ, Pĭ*, Hĭ) *ask.* (4) בָּהַל (Nĭ, Pĭ*, Pŭ, Hĭ) *confound.* (5) טָהֵר (Q, Pĭ*, Pŭ, Hĭthp*) *be clean.* (6) מָהַר (Q, Nĭ, Pĭ*) *hasten.* (7) קָהַל (Nĭ, Hĭ) *congregate.* (8) בָּחַר (Q, Nĭ, Pŭ*) *choose.* (9) כָּחַד (Nĭ, Pĭ*, Hĭ) *hide.* (10) לָחַם (Q, Nĭ) *fight.* (11) פָּחַד (Q, Pĭ*, Hĭ) *tremble.* (12) רָחַב (Q, Nĭ, Hĭ) *be enlarged.* (13) רָחַם (Pĭ*, Pŭ*) *have mercy.* (14) רָחַץ (Q, Pŭ*, Hĭthp) *wash.* (15) רָחַק (Q, Pĭ*, Hĭ) *be far off.* (16) שָׂחַק (Q, Pĭ*, Hĭ) *laugh.* (17) שָׁחַט (Q, Nĭ) *kill.* (18) שָׁחַת (Nĭ, Pĭ*, Hĭ, Hŏ) *destroy.* (19) בָּעַר (Q, Pĭ*, Pŭ, Hĭ) *consume.* (20) כָּעַס (Q, Pĭ*, Hĭ) *provoke.* (21) פָּעַל (Q) *do.* (22) צָעַק (Q, Nĭ, Pĭ, Hĭ) *cry.* (23) בָּרַךְ (Q, Nĭ, Pĭ, Pŭ, Hĭ, Hĭthp) *bless.* (24) גָּרַשׁ (Q, Nĭ, Pĭ, Pŭ) *drive out.* (25) זָרַק (Q*, Pŭ) *sprinkle.* (26) טָרַף (Q*, Nĭ, Pŭ) *tear, rend.* (27) כָּרַת (Q*, Nĭ, Pŭ, Hĭ, Hŏ) *cut.* (28) פָּרַד (Q, Nĭ, Pĭ, Pŭ, Hĭ, Hĭthp) *separate, divide.* (29) פָּרַץ (Q*, Nĭ, Pŭ, Hĭthp) *break forth.* (30) פָּרַשׂ (Q*, Nĭ, Pĭ) *spread out.* (31) צָרַף (Q*, Nĭ, Pĭ) *refine.* (32) קָרַב (Q, Nĭ, Pĭ*, Hĭ) *draw near.* (33) שָׂרַף (Q, Nĭ, Pŭ) *burn.* (34) שָׁרַת (Pĭ) *minister.*

LIST XXVIII.

ל׳ Guttural Verbs.

(1) גָּבַהּ (Q, Hĭ) *be high.* (2) בָּטַח (Q, Hĭ) *trust.* (3) בָּרַח (Q, Hĭ) *flee.* (4) זָבַח (Q, Pĭ) *sacrifice.* (5) מָשַׁח (Q, Nĭ) *anoint.* (6) סָלַח (Q, Nĭ) *forgive.* (7) פָּרַח (Q, Hĭ) *flourish.* (8) רָצַח (Q, Nĭ, Pĭ, Pŭ) *slay.* (9) שָׁלַח (Q, Nĭ, Pĭ, Pŭ, Hĭ) *send.* (10) שָׂמַח (Q, Pĭ, Hĭ) *rejoice.* (11) בָּלַע (Q, Nĭ, Pĭ, Pŭ, Hĭthp) *swallow.* (12) בָּקַע (Q, Nĭ, Pĭ, Pŭ, Hĭ, Hŏ, Hĭthp) *cleave.* (13) כָּנַע (Nĭ, Hĭ) *be humbled.* (14) כָּרַע (Q, Hĭ) *bend the knee.* (15) מָנַע (Q, Nĭ) *withhold.* (16) פָּגַע (Q, Hĭ) *meet, touch.* (17) פָּשַׁע (Q, Nĭ) *transgress.* (18) קָרַע (Q, Nĭ) *rend.* (19) רָשַׁע (Q, Hĭ) *be wicked.* (20) שָׂבַע (Q, Pĭ, Hĭ) *satisfy.* (21) שָׁבַע (Q, Nĭ, Hĭ) *swear.* (22) שָׁמַע (Q, Nĭ, Pĭ, Hĭ) *hear.* (23) תָּקַע (Q, Nĭ) *strike, blow.*

LIST XXIX.

Verbs Containing Two Gutturals.

[In the verbs פ׳ guttural of the following list, Q indicates a Qal Impf. like יַעֲטֹל; Q*, like יֶעֱטַל; Q††, like יֶעֱטֹל.]

(1) אָרַב (Q††, Pĭ, Hĭ) *lie in ambush.* (2) אָרַךְ (Q*, Hĭ) *prolong.* (3) הָרַג (Q, Nĭ, Pŭ) *kill.* (4) הָרַס (Q, Q††, Nĭ, Pĭ) *break down.* (5) חָרֵב (Q*, Nĭ, Pŭ, Hĭ, Hŏ) *be dried up.* (6) חָרַד (Q*, Hĭ) *tremble.* (7) חָרַם (Hĭ, Hŏ) *devote, destroy.* (8) חָרַף (Q*, Nĭ, Pĭ) *reproach.* (9) חָרַשׁ (Q, Nĭ, Pĭ) *cut, engrave.* (10) חָרֵשׁ (Q*, Hĭ, Hĭthp) *be silent.* (11) עָרַב (Q, Hĭthp) *give security, pledge.* (12) עָרַךְ (Q, Hĭ) *arrange.* (13) רָעַשׁ (Q, Nĭ, Hĭ) *shake.* (14) זָרַע (Q, Nĭ, Pŭ, Hĭ) *sow.*

LIST XXX.

פ״ן Verbs.

[In the following list Q designates those Qal-stems which have for the Impf., Imv. and Inf. const. the forms יִטֹּל, נְטֹל, נְטֹל; Q*, those stems which have יִטַּל, טַל, טֶלֶת; Q†, those stems which have יִטַּל, טַל, נְטֹל; Q††, those stems which have יִנְטֹל or יִנְטַל, i. e., an unassimilated נ. More or less variation as to the form of the Qal Impf., Imv. and Inf. const. will be found in these verbs. It is also to be noted that in some only the Impf. occurs; in others, the Impf. and Imv.; in others, only the Impf. and Inf. const.]

(1) נָאַף (Q††, Pĭ) *commit adultery.* (2) נָאַץ (Q††, Pĭ, Hĭ, Hĭthp) *despise.* (3) נָבַט (Pĭ, Hĭ) *look.* (4) נָבֵל (Q, Pĭ) *wither.* (5) נָגַד (Hĭ, Hŏ) *make known.* (6) נָגַע (Q†, Nĭ, Pĭ, Pŭ, Hĭ) *touch.* (7) נָגַף (Q, Nĭ, Hĭthp) *smite.* (8) נָגַשׁ (Q*, Nĭ, Hĭ, Hŏ, Hĭthp) *approach.* (9) נָדַח (Q†, Nĭ, Pŭ, Hĭ, Hŏ) *drive.* (10) נָדַר (Q) *vow.* (11) נָהַג (Q††, Pĭ) *lead.* (12) נָחַל (Q††, Pĭ, Hĭ, Hŏ, Hĭthp) *inherit.* (13) נָטַע (Q†, Nĭ) *plant.* (14) נָטַשׁ (Q, Nĭ, Pŭ) *spread out.* (15) נָכַר (Nĭ, Pĭ, Hĭ, Hĭthp) *know.* (16) נָסַךְ (Q, Nĭ, Pĭ, Hĭ, Hŏ) *pour out.* (17) נָסַע (Q†, Nĭ, Hĭ) *depart.* (18) נָפַל (Q, Hĭ, Hĭthp, Pĭl) *fall.* (19) נָצַב (Nĭ, Hĭ, Hŏ, Hĭthp) *stand.* (20) נָצַח (Nĭ, Pĭ) *be pre-eminent.* (21) נָצַל (Nĭ, Pĭ, Hĭ, Hŏ, Hĭthp) *snatch, deliver.* (22) נָצַר (Q) *observe, watch.* (23) נָקַב (Q, Nĭ) *define.* (24) נָקַם (Q, Nĭ, Pĭ, Hŏ, Hĭthp) *avenge.* (25) נָשַׂג (Hĭ) *reach.* (26) נָשַׁךְ (Q, Q*, Pĭ, Hĭ) *lend.* (27) נָשַׁק (Q†, Pĭ, Hĭ) *kiss.* (28) נָתַן (Q, Nĭ, Hŏ) *give.* (29) נָתַץ (Q, Nĭ, Pĭ, Pŭ, Hŏ) *break down.* (30) נָתַק (Q, Nĭ, Pĭ, Hĭ, Hŏ) *draw out.*

LIST XXXI.

ע״ע Verbs.

[In the following list, Q designates those stems which, in the Qal Imperfect, have the form יָקֹט; Q*, those which have the form יִקֹּט; Q†, those which have the form יֵקַט. Ni* designates a Niph'al Perfect like נָקֹט.]

(1) בָּלַל (Q, Hĭthpô) *confound.* (2) גָּלַל (Q, Nĭ*, Pô'ăl, Hĭ, Hĭthpô, Pĭlpēl, Hĭthpăl) *roll.* (3) דָּמַם (Q*, Nĭ, Pô'ēl, Hĭ) *be dumb, amazed.* (4) מָדַד (Q, Nĭ, Pĭ, Pô'ēl, Hĭthpô) *measure.* (5) נָדַד (Q*, Pô'ăl, Hĭ, Hŏ, Hĭthpô) *wander.* (6) סָבַב (Q, Q*, Nĭ, Pĭ, Pô'ēl, Hĭ, Hŏ) *surround.* (7) סָכַךְ (Q. Hĭ, Hŏ) *cover, protect.* (8) פָּלַל (Pĭ, Hĭthp) *pray.* (9) פָּרַר (Q, Pô'ēl, Pĭl, Hĭ, Hŏ, Hĭthpô) *break.* (10) צָרַר (Q†, Pŭ, Hĭ) *distress.* (11) קָדַד (Q*) *bow the head.* (12) קָלַל (Q†, Nĭ, Pĭ, Pŭ, Hĭ, Pĭlpēl, Hĭthpălp) *be light.* (13) רָנַן (Q, Pĭ, Pŭ, Hĭ, Hĭthpô) *sing, cry aloud.* (14) שָׁדַד (Q, Nĭ, Pĭ, Pŭ, Hŏ) *destroy.* (15) שָׁמֵם (Q, Q*, Q†, Nĭ, Pô'ēl, Hĭ, Hŏ, Hĭthpô) *be astonished, laid waste.*

(16) אָרַר (Q, Nĭ, Pĭ, Hŏ) *curse.* (17) הָלַל (Q, Pĭ, Pŭ, Hĭthp, Pô'ēl, Hĭthpô, Hĭ) *praise.* (18) חָגַג (Q) *dance.* (19) חָלַל (Q, Pĭ, Pô'ēl, Pŭ, Pô'ăl) *pierce.* (20) חָלַל (Nĭ, Pĭ, Pŭ, Hĭ, Hŏ, Hĭthpô) *profane, begin.* (21) חָנַן (Q, Nĭ, Pô'ēl, Hŏ, Hĭthp) *be gracious.* (22) חָתַת (Q†, Pĭ, Hĭ) *be dismayed.* (23) רָבַב (Q, Pŭ) *be many.* (24) רָעַע (Q†, Hĭ, Hĭthpô) *be evil.*

LIST XXXII.

פ״א Verbs.

(1) אָבַד (Q, Pĭ(ă), Hĭ) [יֹאבַד, יֹאבֵד] *perish.* (2) אָבָה (Q) [יֹאבֶה] *be willing.* (3) אָחַז (Q, Nĭ, Hĭ, Hŏ) [יֹאחֵז, also יֶאֱחֹז] *seize, hold.* (4) אָכַל (Q, Nĭ, Pĭ, Pŭ, Hĭ) [יֹאכַל, יֹאכֵל] *eat.* (5) אָמַר (Q, Nĭ, Hĭ, Hĭthp) [יֹאמַר, יֹאמֵר, וַיֹּאמֶר] *say.* (6) אָפָה (Q, Nĭ) [יֹאפֶה] *bake.*

LIST XXXIII.

פ״י Verbs.

[In the following list, Q designates those stems described in § 90. 2. *a* of the *Elements;* Q*, those described in § 90. 2. *b;* Q†, those described in § 90. 4.]

(1) יָבֵשׁ (Q*, Pĭ, Hĭ) *be dry.* (2) יָגַע (Q*, Pĭ, Hĭ) *labor, be weary.* (3) יָדָה (Q*, Pĭ, Hĭ, Hĭthp) *cast, give thanks.* (4) יָדַע (Q, Nĭ, Pĭ, Pô, Pŭ, Hĭ, Hŏ, Hĭthp) *know.* (5) יָהַב (Q) *give.* (6) יָחַד (Q, Pĭ) *join.* (7) יָחַל (Nĭ, Pĭ, Hĭ) *wait.* (8) יָכַח (Nĭ, Hĭ, Hŏ, Hĭthp) *reprove, judge.* (9) יָכֹל (Q*, [Hŏ]) *be able.* (10) יָלַד (Q, Nĭ, Pĭ, Pŭ, Hĭ, Hŏ, Hĭthp) *bring forth.* (11) יָלַךְ (Q, Hĭ) *walk.* (12) יָסַד (Q*, Nĭ, Pĭ, Pŭ, Hŏ) *found.* (13) יָסַף (Q, Nĭ, Hĭ) *add.* (14) יָסַר (Q†, Nĭ, Pĭ, Hĭ, Nĭthp) *chastise.* (15) יָעַד (Q*, Nĭ, Hĭ, Hŏ) *appoint, assemble.* (16) יָעֵף (Q*) *be weary.* (17) יָעַץ (Q*, Nĭ Hĭthp) *give counsel.* (18) יָפָה (Q*, Pĭ, Hĭthp) *be beautiful.* (19) יָצָא (Q, Hĭ, Hŏ) *go forth.* (20) יָצַג (Hĭ, Hŏ) *set, place.* (21) יָצַע (Hĭ, Hŏ) *spread down.* (22) יָצַק (Q, Q†, Hĭ, Hŏ) *pour out.* (23) יָצַר (Q*, Q†, Nĭ, Pŭ, Hŏ) *form.* (24) יָצַת (Q†, Nĭ, Hĭ) *kindle.* (25) יָקַץ (Q*) *awake.* (26) יָקַר (Q, Q*, Hĭ) *be precious.* (27) יָקֹשׁ (Q, Nĭ, Hŏ) *bind, lay snares.* (28)

THE CHARACTER OF THEIR RADICALS. 73

יָרֵא (Q*, Nĭ, Pĭ) *be afraid.* (29) יָרַד (Q, Hĭ, Hŏ) *go down.* (30) יָרָה (Q*, Nĭ, Hĭ) *cast, instruct.* (31) יָרַשׁ (Q*, Nĭ, Pĭ, Hĭ) *seize, possess.* (32) יָשַׁב (Q, Nĭ, Pĭ, Hĭ, Hŏ) *sit, dwell.* (33) יָשֵׁן (Q*, Nĭ, Pĭ) *sleep.* (34) יָשַׁע (Nĭ, Hĭ) *deliver.* (35) יָתַר (Nĭ, Hĭ) *be left over.*

LIST XXXIV.

פ״י Verbs.

(1) יָטַב (Q, Hĭ) *be good.* (2) יָלַל (Hĭ) *bewail.* (3) יָמַן (Hĭ) *go to the right.* (4) יָנַק (Q, Hĭ) *suck.* (5) יָקַץ (Q) *awake.* (6) יָשַׁר (Q, Pĭ, Pŭ, Hĭ) *be straight.*

LIST XXXV.

ע״ו Verbs.

[In the following list Q designates an Impf., Imv. and Inf. const. with *u*; Q*, an Impf., Imv. and Inf. const. with *o* = *a*.]

(1) אוֹר (Q*, Nĭ, Hĭ) *shine.* (2) בּוֹא (Q*, Hĭ, Hŏ) *enter.* (3) בּוּז (Q) *despise* (4) בּוֹשׁ (Q*, Pôlēl, Hĭ, Hĭthpô) *be ashamed.* (5) גּוּר (Q, Hĭthpô) *sojourn.* (6) דִּין (Q, Nĭ, Hĭ) *judge.* (7) דּוּשׁ (Q, Nĭ, Hĭ, Hŏ) *thresh.* (8) זוּב (Q) *flow.* (9) זוּד (Q, Hĭ) *boil.* (10) חוּל (Q, Pôlēl, Pôlăl, Hĭ, Hŏ, Hĭthpô) *be in pain, bring forth.* (11) טוֹב (Q, Hĭ) *be good.* (12) כּוּל (Q, Hĭ, Pĭlpēl, Pŏlpăl) *contain.* (13) כּוּן (Q, Nĭ, Pôlēl, Pôlăl, Hĭthpô, Hĭ, Hô) *prepare, establish.* (14) לוּץ (Q, Pôlēl, Hĭ, Hĭthpô) *scorn.* (15) מוּג (Q, Nĭ, Pôlēl, Hĭthpô) *melt.* (16) מוּט (Q, Nĭ, Hĭ, Hĭthpô) *be moved.* (17) מוּל (Q, Nĭ, Hĭ) *circumcise.* (18) מוּשׁ (Q, Hĭ) *depart.* (19) מוּת (Q, Pôlēl, Hĭ, Hŏ) *die.* (20) נוּחַ (Q, Hĭ, Hŏ) *rest.* (21) נוּס (Q, Hĭ) *flee.* (22) נוּעַ (Q, Nĭ, Hĭ) *move, nod.* (23) נוּף (Q,

Pôlēl, Hĭ, Hŏ) *shake, sift.* (24) סוּג (Q, Nĭ) *turn back.* (25) סוּר (Q, Hĭ, Hŏ, Pôlēl) *turn aside.* (26) עוּד (Q, Pĭ, Hĭ, Hŏ, Hĭthpô) *testify.* (27) עוּף (Q, Pôlēl, Hĭ, Hŏ, Hĭthpô) *fly.* (28) עוּר (Q, Nĭ, Pôlēl, Pĭ, Pĭlpēl, Hĭ, Hĭthpăl, Hĭthpô) *awake.* (29) פּוּץ (Q, Nĭ, Pôlēl, Pĭlpēl, Hĭ) *scatter.* (30) צוּם (Q) *fast.* (31) צוּר (Q, Hĭ) *press, besiege.* (32) קוּם (Q, Pĭ, Pôlēl, Hĭ, Hŏ, Hĭthpô) *rise, stand.* (33) רוּם (Q, Pôlēl, Pôlăl, Hĭ, Hŏ) *be high.* (34) רוּעַ (Pŭ, Hĭ, Hĭthpô) *shout.* (35) רוּץ (Q, Pôlēl, Hĭ) *run.* (36) שׁוּב (Q, Pôlēl, Pôlăl, Hĭ, Hŏ) *turn.*

LIST XXXVI.

ע״י Verbs.

[The following list contains the verbs generally classified as ע״י. Outside of the Qal their forms are those of verbs ע״ו. Q* designates those forms which have also ע״ו forms in Qal.]

(1) בִּין (Q, Nĭ, Hĭ, Pôlēl, Hĭthpô) *perceive.* (2) גִּיל (Q*) *exult.* (3) דִּין (Q*, Nĭ) *judge.* (4) חִיל (Q*, Pôlēl, Pôlăl, Hĭ, Hŏ, Hĭthpô) *be in pain, be strong, wait.* (5) לִין (Q*, Hĭthpô) *lodge.* (6) מִישׁ (Q*) *depart.* (7) רִיב (Q*, Hĭ) *strive.* (8) שִׂיחַ (Q*, Pôlēl) *speak, meditate.* (9) שִׂים (Q*, Hĭ, Hô) *put.* (10) שִׂישׂ (Q*) *rejoice.* (11) שִׁיר (Q*, Pôlēl, Hŏ) *sing.* (12) שִׁית (Q, Hŏ) *put.*

LIST XXXVII.

ל״א Verbs.

(1) בָּרָא (Q, Nĭ, Pĭ, [Hĭ]) *create.* (2) חָבָא (Nĭ, Pŭ, Hĭ, Hŏ, Hĭthp) *hide.* (3) חָטָא (Q, Pĭ, Hĭ, Hĭthp) *sin.* (4) טָמֵא (Q, Nĭ, Pĭ, Pŭ, Hĭthp, Hŏthp) *be unclean.* (5) יָצָא (Q, Hĭ, Hŏ) *go forth.* (6) יָרֵא (Q, Nĭ, Pĭ) *be afraid.* (7)

כָּלָא (Q, Nĭ, Pĭ) *restrain.* (8) מָלֵא (Q, Nĭ, Pĭ, Pŭ, Hĭthp) *be full.* (9) מָצָא (Q, Nĭ, Hĭ) *find.* (10) נָשָׂא (Q, Nĭ, Hĭ, Hĭthp) *lift up.* (11) נָבָא (Nĭ, Hĭthp) *prophesy.* (12) פָּלָא (Nĭ, Pĭ, Hĭ, Hĭthp) *be wonderful.* (13) צָמֵא (Q) *be thirsty.* (14) קָנָא (Pĭ, Hĭ) *be jealous.* (15) קָרָא (Q, Nĭ, Pŭ) *call.* (16) קָרָא (Q, Nĭ, Hĭ) *meet.* (17) רָפָא (Q, Nĭ, Pĭ, Hĭthp) *heal.* (18) שָׂנֵא (Q, Nĭ, Pĭ) *hate.*

LIST XXXVIII.

ל״ה **Verbs.**

(1) בָּזָה (Q, Nĭ, Hĭ) *despise.* (2) בָּכָה (Q, Pĭ) *weep.* (3) בָּלָה (Q, Pĭ) *fall away, decay.* (4) בָּנָה (Q, Nĭ) *build.* (5) גָּלָה (Q, Nĭ, Pĭ, Pŭ, Hŏ, Hĭthp) *reveal.* (6) דָּמָה (Q, Nĭ, Pĭ, Hĭthp) *be like.* (7) זָנָה (Q, Pŭ, Hĭ) *commit fornication.* (8) יָדָה (Hĭ, Hĭthp) *thank.* (9) יָרָה (Q, Nĭ, Hĭ) *cast, instruct.* (10) כָּבָה (Q, Pĭ) *Quench.* (11) כָּלָה (Q, Pĭ, Pŭ) *complete.* (12) כָּסָה (Q, Nĭ, Pĭ, Pŭ, Hĭthp) *conceal.* (13) לָוָה (Q, Nĭ, Hĭ) *join.* (14) מָרָה (Q, Hĭ) *rebel.* (15) נָטָה (Q, Nĭ, Hĭ) *stretch out.* (16) סָפָה (Q, Nĭ, Hĭ) *end.* (17) פָּדָה (Q, Nĭ, Hĭ, Hŏ) *redeem.* (18) פָּנָה (Q, Pĭ, Hĭ, Hŏ) *turn about.* (19) צָוָה (Pĭ, Pŭ) *command.* (20) צָפָה (Q, Pĭ, Pŭ) *watch, cover.* (21) קָוָה (Q, Nĭ, Pĭ) *wait.* (22) קָנָה (Q, Nĭ, Hĭ) *get, obtain.* (23) קָשָׁה (Q, Nĭ, Pĭ, Hĭ) *be sharp, hard.* (24) רָדָה (Q, Pĭ, Hĭ) *have dominion.* (25) שָׁבָה (Q, Nĭ) *capture.* (26) שָׁחָה (Q, Hĭthp) *do obeisance.* (27) שָׁקָה (Pŭ, Hĭ) *drink.* (28) שָׁתָה (Q, Nĭ) *drink.* (29) תָּלָה (Q, Nĭ, Pĭ) *hang.*

LIST XXXIX.

ל״ה Verbs, and, at the same time, פ׳ or ע׳ Guttural.

(1) אָבָה (Q) (פ״א) *be willing.* (2) אָלָה (Q, Hĭ) *swear.* (3) הָגָה (Q, Pô, Hĭ) *meditate.* (4) הָיָה (Q, Nĭ) *be.* (5) הָמָה (Q) *make a noise.* (6) הָרָה (Q, Pŭ, Pô) *conceive.* (7) חָיָה (Q, Pĭ, Hĭ) *live.* (8) חָלָה (Q, Nĭ, Pĭ, Pŭ, Hĭ, Hŏ, Hĭthp) *be sick.* (9) חָנָה (Q) *encamp.* (10) חָסָה (Q) *trust.* (11) חָרָה (Q, Nĭ, Hĭ, Hĭthp) *be angry.* (12) מָחָה (Q, Nĭ, Pŭ, Hĭ) *wipe off.* (13) עָלָה (Q, Nĭ, Hĭ, Hŏ, Hĭthp) *go up.* (14) עָנָה (Q, Nĭ, Pĭ, Hĭ) *answer.* (15) עָנָה (Q, Nĭ, Pĭ, Pŭ, Hĭ, Hĭthp) *afflict.* (16) עָשָׂה (Q, Nĭ, Pĭ, Pŭ) *do, make.* (17) פָּרָה (Q, Hĭ) *be fruitful.* (18) צָפָה (Q, Pĭ, Pŭ) *watch, overlay.* (19) קָרָה (Q, Nĭ, Hĭ) *meet.* (20) רָאָה (Q, Nĭ, Pŭ, Hĭ, Hŏ, Hĭthp) *see.* (21) רָבָה (Q, Pĭ, Hĭ) *multiply.* (22) רָעָה (Q, Pĭ, Hĭ, Hĭthp) *feed.* (23) רָפָה (Q, Nĭ, Hĭ) *be feeble.* (24) רָצָה (Q, Nĭ, Pĭ, Hĭ, Hĭthp) *be pleased.*

LIST XL.

Verbs Doubly Weak.

[In the following list there are given synopses, or partial synopses, in various stems, of those verbs whose inflection presents special difficulties.]

(1) אָבָה *be willing*—Qăl: אָבָה (אֲבִיתֶם), יֹאבֶה (יֹאבוּ), אֹבֶה.

(2) אָתָה *come*—Qăl: אָתָה (אָתָנוּ), יֶאֱתֶה (וַיֵּתֵא, יֶאֱתָיֻנִי, יֶאֱתָיוּ), אֵתָיוּ, אֹתִיּוֹת — Hĭph: [הֵתָה] הֵתָיוּ (Imv).

(3) בּוֹא *enter*—Qăl: בָּא (בָּאָה, בָּאתִי, בָּאוּ, בָּאתֶם), יָבוֹא, בּוֹא, בּוֹא, בָּא. Hĭph: הֵבִיא, יָבִיא,

THE CHARACTER OF THEIR RADICALS. 77

יוּבָא, הוּבָא : Hŏph . מֵבִיא , הָבִיא , הָבֵא , הָבֵא
מוּבָא .

(4) הָיָה *be* — Qăl : הָיָה , יִהְיֶה , (יְהִי) , אֶהְיֶה), הֱיֵה ,
הָיֹה (הָיוֹ) הֱיוֹת , הוֹיֶה (הוֹיָה). Nĭph : נִהְיָה .

(5) חָיָה *live*—Qăl : חָיָה , יִחְיֶה (יְחִי), חֱיֵה , חָיֹה (חָיוֹ),
לִחְיוֹת . Pĭ'ēl : חִיָּה , יְחַיֶּה , חַיֵּה , חַיּוֹת , מְחַיֶּה .
Hĭph : הֶחֱיָה , הַחֲיֵה , הַחֲיוֹת .

(6) יָדָה *thank*—Hĭph : הוֹדָה , יוֹדֶה , הוֹדֵה , הוֹדוֹת ,
מוֹדֶה . Hĭthpă'ēl : הִתְוַדָּה , יִתְוַדֶּה , הִתְוַדּוֹת ,
מִתְוַדֶּה .

(7) יָצָא *go forth*—Qăl : יָצָא , יֵצֵא , צֵא , יָצוֹא , צֵאת ,
יֹצֵא . Hĭph : הוֹצִיא , יוֹצִיא , הוֹצֵא , הוֹצִיא ,
מוֹצִיא . Hŏph : הוּצָא , מוּצָא .

(8) יָדַע *know*—Qăl : יָדַע , יֵדַע , דַּע , יָדוֹעַ , דַּעַת , יוֹדֵעַ ,
יָדוּעַ . Nĭph : נוֹדַע , יִוָּדַע , הִוָּדַע , נוֹדָע . Hĭph :
הוֹדִיעַ , יוֹדִיעַ , הוֹדִיעַ , מוֹדִיעַ . Hĭthpă'ēl : יִתְוַדַּע
הִתְוַדַּע .

(9) יָרֵא *be afraid*—Qăl : יָרֵא , יִירָא , יְרָא , יָרֹא (יִרְאָה),
Nĭph : יִוָּרֵא , נוֹרָא .

(10) יָרָה *cast, instruct*—Qăl : יָרָה , יִרְאֶה , יְרֵה , יָרֹה ,
יְרוֹת , יוֹרֶה . Hĭph : הוֹרָה , יוֹרֶה , הוֹרֵה , הוֹרוֹת ,
מוֹרֶה .

(11) נָטָה *stretch*—Qăl : נָטָה , יִטֶּה , (וַיֵּט , תֵּט), נְטֵה ,
נְטוֹת , נֹטֶה , נָטוּי . Hĭph : הִטָּה , יַטֶּה , (וַיַּט),
הַטֵּה (הַט), הַטּוֹת , מַטֶּה .

(12) נָכָה *smite*—Hĭph : הִכָּה , יַכֶּה (וַיַּךְ), הַכֵּה (הַךְ),
הַכֵּה , הַכּוֹת , מַכֶּה . Hŏph : הֻכָּה , יֻכֶּה , מֻכֶּה .

(13) נָשָׂא *lift up*—Qăl : נָשָׂא , יִשָּׂא , שָׂא , נָשׂוֹא , שְׂאֵת (also שְׂאֵת and נְשֹׂא), נֹשֵׂא , נָשׂוּא .

(14) יָלַךְ *walk*—Qăl : יֵלֵךְ , לֵךְ , לֶכֶת . Hĭph : הוֹלִיךְ (rarely הֵילִיךְ), יוֹלִיךְ , הוֹלֵךְ , הוֹלִיךְ מוֹלִיךְ .

(15) הָלַךְ *walk*—Qăl : הָלַךְ , יַהֲלֹךְ , הֲלֹךְ , הָלוֹךְ , הֲלֹךְ , הֹלֵךְ . Nĭph : נֶהֱלָךְ .

(16) לָקַח *take*—Qăl : לָקַח , יִקַּח , קַח , לָקוֹחַ , קַחַת , לֹקֵחַ , לָקוּחַ . Nĭph : נִלְקַח , יִלָּקַח , הִלָּקַח . Hŏph : יֻקַּח .

(17) נָתַן *give*—Qăl : נָתַן , יִתֵּן , תֵּן , נָתוֹן , תֵּת , נֹתֵן , נָתוּן . Nĭph : נִתַּן , יִנָּתֵן , הִנָּתֵן , נִתָּן . Hŏph : יֻתַּן .

(18) עָשָׂה *make*—Qăl : עָשָׂה , יַעֲשֶׂה , עֲשֵׂה , עָשֹׂה , עֲשׂוֹת , עֹשֶׂה , עָשׂוּי . Nĭph : נַעֲשָׂה , (נֶעֶשְׂתָה), יֵעָשֶׂה .

(19) רָאָה *see*—Qăl : רָאָה , יִרְאֶה (וַיַּרְא , וַתֵּרֶא), רְאֵה , רָאֹה ; רְאוֹת , רֹאֶה . Nĭph : נִרְאָה , יֵרָאֶה , הֵרָאֵה , הֵרָאוֹת , נִרְאֶה . Hĭph : הֶרְאָה , יַרְאֶה , הַרְאֵה , הַרְאוֹת , מַרְאֶה . Hŏph : הָרְאָה , מָרְאֶה .

(20) שָׁחָה *bow down*—Hĭthpălēl : הִשְׁתַּחֲוָה , יִשְׁתַּחֲוֶה (וַיִּשְׁתַּחוּ), הִשְׁתַּחֲוֵה , הִשְׁתַּחֲוֹת , מִשְׁתַּחֲוֶה .

LIST XLI.

Defective and Kindred Verbs.

(1) *a* בּוֹשׁ *be ashamed*, Hĭph הֵבִישׁ ; but also הוֹבִישׁ from יָבֵשׁ .

b טוֹב *be good ;* but Impf. יִיטַב , and Hĭph הֵיטִיב from יָטַב .

(1) *c* יָגֹר *be afraid;* but Impf. יָגוּר from גּוּר.

d יָקַץ *awake*, used only in Impf.; the Hĭph Perf. הֵקִיץ (from קוּץ) being used as Perfect.

e נָפַץ *break in pieces*, Pĭ נִפֵּץ; but Impf. יָפוּץ, Imv. פּוּץ, Nĭph נָפוֹץ, Pôlēl פּוֹצֵץ, Hĭthpô הִתְפּוֹצֵץ, Hĭph הֵפִיץ come from פּוּץ.

f שָׁתָה *drink*, in Qăl; but Hĭph הִשְׁקָה from שָׁקָה.

(2) *a* יָסַף *add*, used in Qăl, but the Inf. const. and Impf. (הוֹסִיף and יוֹסִיף) are taken from the Hĭph'îl.

b נָגַשׁ *approach*, with Qăl Impf., Imv. and Inf. const. (יִגַּשׁ, גַּשׁ, גֶּשֶׁת), but Nĭph'ăl Perf. (נִגַּשׁ).

c נָחָה *lead* with Qăl Perf. and Imv. (נְחֵה), but Hĭph Impf. (יַנְחֶה).

d נָתַךְ *pour out*, with Qăl Impf. (יִתַּךְ) and Nĭph Perf. (נִתַּךְ).

(3) חָמַם and יָחַם *be warm;* שָׁמֵם and יָשַׁם *lay waste;* הָמַם and הוּם *hum:* לָצַץ and לוּץ *mock;* פָּרַר and פּוּר *break;* חָיַי and חָיָה *live;* חָקַק and חָקָה *engrave;* רָבַב and רָבָה *multiply;* רָנַן and רָנָה *shout;* שָׁגַג and שָׁגָה *err;* נָמַל and מוּל *circumcise;* נָסַךְ and סוּךְ *anoint;* נָפַח and פּוּחַ *blow;* נָבַל and בָּלָה *fade away;* בּוּז and בָּזָה *despise;* דָּמַם, דּוּם and דָּמָה *be silent;* דָּכַךְ, דּוּךְ, דָּכָא and דָּכָה *crush;* צָרַר, יָצַר and צוּר *press;* נָשַׁל, שָׁלַל and שָׁלָה *draw off;* מָסַס, מָאַס and מָסָה *melt.*

VI. NOUNS ARRANGED ACCORDING TO THEIR FORMATION.

(Each noun under this head takes the number that belongs to it in the "arrangement according to frequency of occurrence.")

LIST XLII.

Segholates, A-class.

1. *Strong.*

85	בֶּגֶד	149	כֶּרֶם	995	פֶּלֶג	1077	רֶשֶׁת
221	בֶּטֶן	825	כֶּשֶׂב	1000	פֶּסֶל	591	שֶׁבֶר
385	בֶּרֶךְ	25	מֶלֶךְ	1004	פֶּרֶא	1121	שֶׁלֶג
690	בֶּשֶׂם	160	נֶגֶב	557	פֶּרֶץ	344	שֶׁלֶם
229	גֶּבֶר	923	נֶגֶד	176	צֶדֶק	191	שֶׁמֶן
233	גֶּפֶן	288	נֶדֶר	1021	צֶלֶם	193	שֶׁמֶשׁ
394	גֶּשֶׁם	927	נֶזֶם	1024	צֶמֶד	348	שֶׁקֶל
235	דֶּבֶר	289	נֶסֶךְ	1026	צֶמֶר	1132	שֶׁקֶץ
719	דֶּגֶל	26	נֶפֶשׁ	314	קֶדֶם	195	שֶׁקֶר
15	דֶּרֶךְ	938	נֶשֶׁךְ	1048	קֶסֶם	1136	תֶּבֶן
725	דֶּשֶׁא	940	נֶשֶׁף	571	קֶצֶף		
787	טֶרֶף	941	נֶשֶׁק	111	קֶרֶב		FEM.
261	יֶלֶד	516	נֶשֶׁר	325	קֶרֶן	436	יַרְכָּה
801	יֶקֶב	944	נֶתֶק	1053	קֶרֶס	477	מַלְכָּה
145	כֶּבֶשׂ	945	סֶגֶן	1055	קֶשֶׁר	1007	פַּרְסָה
816	כֶּלֶא	953	סֶרֶן	112	רֶגֶל	1089	שַׂלְמָה
819	כֶּסֶל	993	פֶּגֶר	184	רֶכֶב		
55	כֶּסֶף	994	פֶּלֶא	1067	רֶמֶשׂ		

2. פ׳ *guttural.*

78	אֶבֶן	10	אֶרֶץ	52	חֶרֶב	171	עֶרֶב
199	אֶדֶן	373	אֶשֶׁר	419	חֶרֶם		
6	אַחַר	243	חֶבֶל	781	חֶרֶשׁ		FEM.
41	אֶלֶף	749	חֶבֶר	27	עֶבֶד	669	אַשְׁמָה
367	אֶפֶס	403	חֶדֶר	956	עָוֶל	529	עוֹלָה
214	אֶרֶז	93	חֶסֶד	170	עֶצֶם		

3. ע׳ *guttural.*

223	בַּעַל	834	לַחַץ	1072	רַעַשׁ		FEM.
744	זַעַם	485	מַעַל	1112	שַׂחַק	357	אַהֲבָה
426	טַעַם	161	נַחַל	1113	שַׁחַר	107	נַחֲלָה
139	יַחַד	934	נַעַל	1114	שַׁחַת	290	נַעֲרָה
262	יַעַר	108	נַעַר	76	שַׁעַר		
820	כַּעַם	546	פַּחַד	1148	תַּחַשׁ		
831	לַהַב	1028	צַעַד	1149	תַּחַת		
56	לֶחֶם	575	רֶחֶם	1161	תַּעַר		

4. ל׳ *guttural.*

379	בֶּטַח	437	יֶשַׁע	175	פֶּתַח	1122	שֶׁלַח
683	בֶּצַע	476	מֶלַח	1025	צֶמַח		
127	זֶבַח	512	נֶצַח	1043	קֶלַע		FEM.
90	זֶרַע	292	סֶלַע	1045	קֶמַח	1109	שַׁוְעָה
784	טֶבַח	552	פֶּסַח	1058	רֶגַע		
803	יֶרַח	1006	פֶּרַח	580	רֶשַׁע		

5. ע״ע

672	בַּד	685	בַּר	695	גַּב	396	דַּי
377	בַּז	691	בַּת	391	גַּל	397	דַּל

723	דַּק	823	כַּר	179	צַר		FEM.
16	הַר	844	מַד	1037	קָו	82	אַמָּה
738	זָךְ	492	מַר	1042	קַל	762	חַלָּה
244	חָג	948	סַל	1054	קַשׁ	444	כַּלָּה
17	חַי	519	סַף	70	רַב	279	מַצָּה
424	טַל	958	עַז	1063	רַךְ	311	צָרָה
427	טַף	30	עַם	585	שַׂק	1124	שַׁמָּה
53	יָם	545	פַּח	73	שַׂר		
812	כַּד	1009	פַּת	1154	תַּם		
95	כַּף	560	צַד				

6. ע״ו

632	אוֹב	727	הוֹד	946	סוֹד	77	תָּוֶךְ
200	אָוֶן	400	הוֹן	297	עוֹר		
636	אוֹן	750	חוֹחַ	562	צוֹם		FEM.
118	אוֹר	751	חוֹל	32	קוֹל	849	מוֹטָה
202	אוֹת	18	טוֹב	1038	קוֹץ	567	קוֹמָה
47	גּוֹי	20	יוֹם	1105	שָׁוְא	1106	שׁוֹאָה
720	דּוֹד	441	כּוֹס	1107	שׁוֹט		
126	דּוֹר	152	מָוֶת	341	שׁוֹר		

7. ע״י

642 ?	אֵיד	92	חַיִל	1016	צַיִד		FEM.
80	אַיִל	759	חֵיל	1040	קַיִץ	1017	צֵידָה
12	בַּיִת	407	חֵיק	331	רֵיחַ	1084	שֵׂיבָה
231	גַּיְא	140	יַיִן	1061	רֵיק		
735	זֵד	97	לַיִל				
401	זַיִת	28	עַיִן				

8. ל״ה

216	אֲרִי	833	לְחִי	559	צְבִי		FEM.
381	בְּכִי	905	מְרִי	590	שְׁבִי	693	נַאֲוָה
699	גְּדִי	955	עֲדִי	1129	שְׁפִי	237	דֶּלֶת
135	חֲצִי	174	פְּרִי			326	קֶשֶׁת
54	כְּלִי	1011	פְּתִי			1070	רַעְיָה

9. *Formative Vowel with Second Radical.*

629	אֲגַם	236	דְּבַשׁ	278	מְעַט	1118	שְׁכֶם

LIST XLIII.

Segholates, I-class.

1. *Strong.*

739	זֵכֶר	521	סֵתֶר		FEM.	582	שִׂמְלָה
500	נֵבֶל	1008	פֵּשֶׁת	455	לִשְׁכָּה		
928	נֵזֶר	1087	שֵׂכֶל	1034	קִדְמָה		
165	סֵפֶר	187	שֵׁבֶט	1075	רִקְמָה		

2. פ׳ *guttural.*

627	אֵבֶל	777	חֵקֶר	537	עֵרֶךְ	255	חֶרְפָּה
211	אֵמֶר	294	עֵבֶר	540	עֵשֶׂב	523	עֶבְרָה
664	אֵפֶר	524	עֵגֶל			531	עֶזְרָה
405	חֵטְא	528	עֵדֶר		FEM.		
248	חֵלֶב	959	עֵזֶר	366	אִמְרָה		
250	חֵלֶק	302	עֵמֶק	410	חֶלְקָה		
415	חֵפֶץ	976	עֵקֶב	768	חֶמְדָּה		

3. ל' *guttural.*

שִׂמְחָה 334	מִנְחָה 103	FEM.	מֵצַח 893
שִׂנְאָה 1091	מִשְׁחָה 914	בִּקְעָה 684	נֵתַח 942
שִׁפְחָה 347	קִנְאָה 570	דִּמְעָה 722	שֵׁמַע 1127
	רִשְׁעָה 1076	יִרְאָה 433	

4. ע"ע

מִלָּה 475	FEM.	נֵס 932	אֵם
נִדָּה 504	בִּזָּה 677	קֵן 1046	אֵשׁ
פִּנָּה 550	דִּבָּה 715	קֵץ 320	חֵן 253
צִנָּה 1027	זִמָּה 402	צֵל 563	חֵץ 254
רִנָּה 579	מִדָּה 270	שֵׁן 346	לֵב 22

5. ע"י (or ע"ו)

FEM.	רִיב 330	סִיר 517	גִּיל 707
בִּינָה 380	רִיק 1060	עִיר 29	דִּין 721
חִידָה 758	שִׂיחַ 1085	צִיִּן 1019	הִין 729
קִינָה 1039	שִׁיר 342	צִיר 1020	טִיט ? 786
שִׁירָה 1116		קִיר 318	מִין 471

6. ל"ה

	עֶרְוָה 307	FEM.	מֵעִים 484
	קִרְיָה 572	כִּלְיוֹת 445	

7. *Formative Vowel with Second Radical.*

FEM.	שְׁאֵר 1097	שְׂאֵת (?) 1078	בְּאֵר 375
תְּכֵלֶת 618			

LIST XLIV.

Segholates, U-class.

1. *Strong.*

86	בֹּקֶר	806	יֹשֶׁר	293	סֹלֶת		FEM.
700	גֹּדֶל	821	כֹּפֶר	603	שֹׁרֶשׁ	386	בֹּשֶׁת
393	גֹּרֶן	499	מָתְנַיִם				

2. פ׳ *guttural.*

40	אֹהֶל	50	חֹדֶשׁ	969	עֹמֶר		FEM.
121	אֹזֶן	411	חֹמֶר	971	עֹפֶל	648	אָכְלָה
364	אֹכֶל	779	חֹרֶב	539	עֹרֶף	132	חָכְמָה
662	אֹפֶל	256	חֹשֶׁךְ	990	עֹשֶׁק	417	חָרְבָּה
218	אֹרֶךְ	968	עֹמֶק	543	עֹשֶׁר	984	עָרְלָה

3. ע׳ *guttural.*

674	בֹּהֶן	183	רֹחַב	1135	תֹּאַר		FEM.
553	פֹּעַל	1104	שֹׁהַם			785	טָהֳרָה
1014	צֹהַר	1110	שֹׁחַד				

4. ל׳ *guttural.*

215	אֹרַח	924	נֹגַהּ	1065	רֹמַח		FEM.
696	גֹּבַהּ	509	נֹכַח			425	טָמְאָה
						1052	קָרְחָה

5. ע״ע

714	דֹּב	137	חֹק	146	כֹּחַ	299	עֹז
767	חֹם	752	חוֹר	902	מֹר	532	עֹל

182 רֹב	619 תֹּם	FEM.	518 סֻכָּה
1068 רֹעַ	1162 תֹּף	710 גֻּלָּה	533 עֻמָּה
592 שֹׁד		138 חֻקָּה	

6. ע״ו

637 אוּר	454 לוּחַ	310 צוּר	FEM.
676 בּוּז	461 מוּל	71 רוּחַ	737 זוּלָה
130 חוּץ	851 מוּם	שׁוּל	947 סוּפָה
423 טוּר	164 סוּס		

7. ל״ה

764 חֳלִי	799 יֳפִי	303 עֳנִי	1138 תֹּהוּ

8. Formative Vowel with Second Radical.

731 הֲלֹם	98 ? מְאֹד	954 עֲבֹת	FEM.
451 לְאֹם	474 מְלֹא		162 נְחֹשֶׁת
			317 קְטֹרֶת

9. Irregular Forms.

7 אִישׁ = אֱנָשׁ	679 בִּירָה	992 עַתָּה
81 אֵל	45 בַּת = בַּנְתְּ	110 צֹאן = צַאְןְ
655 אֱמֶת = אֲמַנְתְּ	761 חֵךְ = חִנְךְ	34 רֹאשׁ = רַאְשְׁ
658 אֳנִיָּה	247 חִטָּה = חִנְטָה	595 שִׁטָּה = שִׁנְטָה
83 אַף = אַנְףְ	880 מַס = מֶנֶס	116 שֵׁשׁ = שִׁרְשְׁ
43 אִשָּׁה = אִנְשָׁה	298 עֵז = ? עִנְזְ	604 שֵׁשׁ = ? שַׁיִשׁ
13 בֵּן = בְּנִי	68 עֵת = יְעֶרֶת	

LIST XLV.

Nouns with Two Originally Short Vowels, ă—ă.

1. *Strong.*

673	בָּדָד	746	זָקָן	568	קָטָן	922	נְבָלָה
124	בָּקָר	432	יְקָר	1083	שָׂטָן	503	נְדָבָה
383	בָּרָד	143	יָשָׁר	1088	שָׂכָר	514	נְקָמָה
689	בָּרָק	442	כָּזָב	190	שָׁלָל	939	נְשָׁמָה
88	בָּשָׂר	147	כָּנָף	1130	שָׁפָל	177	צְדָקָה
232	גָּמָל	453	לָבָן	1156	תָּמָר	569	קְלָלָה
14	דָּבָר	470	מָטָר	1163	תְּרָפִים	1057	רְבָבָה
395	דָּגָן	479	מָסָךְ			1079	שְׂבָבָה
241	זָכָר	496	מָשָׁל		FEM.	1102	שְׁגָגָה
741	זָנָב	937	נָקָם	225	בְּרָכָה	345	שְׁמָמָה

2. פ׳ *guttural.*

2	אָדָם	131	חָכָם	304	עָנָן		FEM.
371	אָשָׁם	408	חָלָב	169	עָפָר	79	אֲדָמָה
399	הָדָר	766	חֲלָצַיִם	973	עָצָב	525	עֲגָלָה
733	הָרָר	252	חָמָס	977	עָקָר	960	עֲטָרָה
245	חָדָשׁ	783	חָתָן	989	עָשָׁן	306	עֲרָבָה
246	חָזָק	301	עָמָל				

3. ע׳ *guttural.*

49	זָהָב	185	רָעָב		FEM.	951	סְעָרָה
508	נָחָשׁ			713	גְּעָרָה	1030	צְעָקָה
315	קָהָל			745	זְעָקָה	1049	קְעָרָה

4. ל׳ *guttural and* ל״א.

1023 צָמָא	1073 רְפָאִים	114 רָשָׁע	FEM.
			657 אֲנָחָה

5. ע״ו

522 עָב	FEM.
	1044 קָמָה

6. ל״ה

754 חָזֶה	319 קָנֶה	FEM.	921 נָאָה
431 יָפֶה	321 קָצֶה	209 אָמָה	1005 פָּרָה
506 נָוֶה	573 קָשֶׁה	718 דָּגָה	186 שָׂפָה
963 עָלֶה	72 שָׂדֶה	732 הָרָה	38 שָׁנָה
534 עָנָו	1081 שַׂדַּי	817 כַּלָּה	
31 פָּנִים		878 מָנָה	

7. ל״ה *apocopated.*

1 אָב	19 יָד	526 עַד	FEM.
4 אָח	798 יָע	173 פַּר	119 אָחוֹת
717 דָּג	919 { [מַת]	1103 שַׂר	769 חָמוֹת
48 דָּם	{ מְתִים	1134 תָּא	

LIST XLVI.

Nouns with Two Originally Short Vowels, ă–ĭ.

1. *Strong.*

702 גָּדֵר	269 מָגֵן	FEM.	936 נְקֵבָה
128 זָקֵן	1051 קָרֵב	688 בְּרֵכָה	1092 שְׂרֵפָה
435 יָרֵךְ	1119 שָׁכֵן	703 גְּדֵרָה	1131 שְׁפֵלָה
807 יָתֵד	596 שָׁלֵם	788 טְרֵפָה	
810 כָּבֵד	1126 שָׁמֵן	830 לְבֵנָה	
267 כָּתֵף		501 נְבֵלָה	

2. פ׳ *guttural.*

365 אָמֵן	51 חָמֵשׁ	961 עָיֵף	FEM.
667 אָרֵךְ	772 חָנֵף	974 עָצֵל	663 אֲפֵלָה
748 חָבֵר	774 חָפֵץ	975 עָקֵב	985 עֲרֵמָה
770 חָמֵץ	136 חָצֵר	538 עָרֵל	

3. ע׳ *guttural.*

1069 רָעֵב	FEM.	848 מְהֵרָה	607 תְּאֵנָה
	44 בְּהֵמָה	1095 שְׁאֵלָה	

4. ל׳ *guttural.*

258 טָמֵא	473 מָלֵא	1080 שָׂבֵעַ	1090 שָׂמֵחַ
434 יָרֵחַ			

5. פ״י

133 חֵמָה	167 עֵדָה	305 עֵצָה	1128 שֵׁנָה

6. ע״ו

234 גֵּר	515 נֵר	FEM.	527 עֵדָה
747 זֵר	295 עֵד	651 אֵלָה	

LIST XLVII.

Nouns with Two Originally Short Vowels, ằ–ŭ.

1. Strong.

316 קָטוֹן   FEM.   804 יְרֻשָּׁה   554 פְּקֻדָּה
701 גְּדֻלָּה

2. פ׳ guttural.

979 עָרֹב   FEM.   666 אֲרֻבָּה   813 כְּהֻנָּה
981 עָרוֹם   203 אֲחֻזָּה   694 גְּאֻלָּה   1001 פְּעֻלָּה

3. Irregular.

962 עֵירֹם   446 כְּלִמָּה

LIST XLVIII.

Nouns with Two Originally Short Vowels, ĭ–ằ.

1. Strong.

96 לֵבָב   931 נֵכָר   1120 שֵׁכָר

2. Guttural.

970 עֵנָב   564 צֵלָע   583 שֵׂעָר

3. ל״ה apocopated.

142 יֵשׁ   113 רֵעַ   FEM.   308 פֵּאָה
65 עֵץ   36 שֵׁם   23 מֵאָה

4. Irregular and Doubtful Forms.

24 מַיִם   69 פֶּה   75 שָׁמַיִם   37 שְׁנַיִם
291 סֶלָה   581 שֶׂה

LIST XLIX.

Nouns with a Short and a Long Vowel, ă–â (ô).

1. Strong.

46	גָּדוֹל	178	צָפוֹן	74	שָׁלוֹשׁ		FEM.
438	יָתוֹם	180	קָדוֹשׁ	600	? שְׁמֹנִים	74	שְׁלֹשָׁה
94	כָּבוֹד	324	קָרוֹב			192	שְׁמֹנָה
918	מָתוֹק	115	שָׁלוֹם				

2. Guttural.

39	אָדוֹן	374	אָתוֹן	257	טָהוֹר		FEM.
361	אָחוֹר	387	גָּבֹהַּ	987	עָשׂוֹר	166	עֲבוֹדָה

LIST L.

Nouns with a Short and a Long Vowel, ă–î.

1. Strong.

795	יָלִיד	62	סָבִיב	322	קָצִיר		FEM.
141	יָמִין	520	סָרִיס	1086	שָׂכִיר	943	נְתִיבָה
818	כָּלִיל	996	פָּלִיט	1125	שָׁמִיר		
502	נָגִיד	1003	פָּקִיד	586	שָׂרִיד		
505	נָדִיב	1012	פָּתִיל	197	תָּמִיד		
926	נָזִיר	313	קָדִים	351	תָּמִים		

2. Guttural.

624	אָבִיב	763	חָלִילָה	61	נָבִיא	1074	רָקִיעַ
661	אָפִיק	414	חָסִיד	933	נָעִים	335	שָׂעִיר
659	אָסִיר	776	חָצִיר	163	נָשִׂיא		
678	בָּחִיר	794	יָחִיד	983	עָרִיץ		FEM.
687	בָּרִיא	828	לָבִיא	988	עָשִׁיר	765	חֲלִיפָה
698	גָּבִיעַ	284	מָשִׁיחַ	1029	צָעִיר		

3. ל״ה

513	נָקִי	601	שָׁנִי		FEM.	1066	רְמִיָּה
535	עָנִי			704	גְּוִיָּה	705	גְּזִית
				964	עֲלִיָּה	967	עָמִית

4. Irregular.

372	אֲשֵׁירָה	549	פְּלֵיטָה

LIST LI.

Nouns with a Short and a Long Vowel, ă–û.

378	בָּחוּר	536	עָצוּם		FEM.	588	שְׁבוּעָה
692	בְּתוּלִים	982	עָרוּם	874	מְלוּכָה	598	שְׁמוּעָה
780	חָרוּץ	1098	שָׁבוּעַ	929	נְחוּשָׁה		
106	נְאֻם						

LIST LII.

Nouns with a Short and a Long Vowel, ĭ–â (ᵉ–â).

1. *â retained.*

626	אֲבָל	802	יְקָר	826	כְּתָב	587	שְׁאָר

2. *â obscured.*

123	בְּכוֹר	1032	צְרוֹר		FEM.	829	לְבוֹנָה
686	בְּרוֹשׁ	1155	? תְּמוֹל	681	בְּכוֹרָה		
797	יְסוֹד						

3. *Guttural.*

206	אֱלֹהַּ	249	חֲלוֹם	328	רְחוֹב	336	שְׁאוֹל
9	אֱנוֹשׁ	251	חֲמוֹר	1082	שְׂחוֹק		FEM.
242	זְרוֹעַ	259	יְאֹר	333	שְׂמֹאל	584	שְׂעֹרָה

4. *Syriac Forms.*

638	אֵזוֹב	639	אֵזוֹר	212	אֵפוֹד

LIST LIII.

Nouns with a Short and a Long Vowel, ĭ–î (ᵉ–î).

1. Strong.

716	דְּבִיר	448	כְּפִיר	999	פְּסִילִים		FEM.
265	כְּסִיל	935	נְצִיב			925	נְגִינָה

2. Guttural.

358	אֱוִיל	384	בְּרִיחַ	857	מְחִיר		FEM.
654	אֱלִיל	792	יְגִיעַ	1111	שְׁחִין	263	יְרִיעָה
						965	עֲלִילָה

3. ל״ה

FEM.

87	בְּרִית	412	חֲנִית	1099	שְׁבִית

LIST LIV.

Nouns with a Short and a Long Vowel, ĭ–û (ᵉ–û).

1. Strong.

89	גְּבוּל	789	יְבוּל	577	רְכוּשׁ	227	גְּבוּרָה
389	גְּדוּד	266	כְּרוּב		FEM.	1033	קְבוּרָה
711	גְּמוּל	452	לְבוּשׁ	697	גְּבוּלָה		

2. Guttural.

FEM.

210	אֱמוּנָה	264	יְשׁוּעָה

3. ל״ה

FEM.

398	דְּמוּת	743	זְנוּת	589	שְׁבוּת

LIST LV.

Nouns with a Long and a Short Vowel, â—ă (ô—ā).

1. *Strong and Guttural.*

360	אוֹפָן	230	גּוֹרָל	64	עוֹלָם		FEM.
201	אוֹצָר	753	חוֹתָם	340	שׁוֹפָר	809	יֹתֶרֶת
						827	כֹּתֶרֶת

2. ל״ה

735	חֹזֶה		FEM.	429	יוֹנָה
		390	גּוֹלָה	63	עוֹלָה

3. *Irregular.*

726	? דָּת	730	? הָֽלְאָה	734	? וָו		FEM.
						650	אָלָה
						222	בָּמָה

LIST LVI.

Nouns with a Long and a Short Vowel, â—ĭ (ô—ē).

1. *Strong and Guttural.*

428	יוֹבֵל	957	עוֹלֵל	1064	רֹכֵל		FEM.
21	כֹּהֵן	980	עֹרֵב	1115	שֹׁטֵר	949	סֹלְלָה

2. *Irregular.*

930	נִיחֹחַ	1123	שָׁלִישׁ		FEM.
				1157	תְּמֹרָה

LIST LVII.

Intensives: Middle Radical Doubled, ă—ā.

1. *Strong and guttural.*

643 אַיָּל	421 טַבָּח	561 ? צַוָּאר	FEM.
712 גַּנָּב	966 עַמָּד	188 שַׁבָּת	631 אַדֶּרֶת
757 חַטָּא			790 יַבָּשָׁה

2. *Guttural.*

5 אֶחָד	FEM.	91 חַטָּאת	547 פֶּחָה
420 חָרָשׁ	675 בַּהֶרֶת	422 טַבַּעַת	566 צָרַעַת
309 פָּרָשׁ	706 גַּחֶלֶת	832 לֶהָבָה	

3. ל״ה

FEM.

682 בַּלָּהָה

728 הַוָּה

LIST LVIII.

Intensives: Middle Radical Doubled, ĭ—ă.

1. *Strong.*

660 אִסָּר	FEM.
	630 אִגֶּרֶת

2. ל״ה

FEM.

1018 צִיָּה

LIST LIX.
Intensives: Middle Radical Doubled, ă–ĭ.

120 אַחֵר   847 מַהֵר

LIST LX.
Intensives: Middle Radical Doubled, ĭ–ĭ.

148 כִּסֵּא   530 עִוֵּר   978 עִקֵּשׁ   998 פִּסֵּחַ

LIST LXI.
Intensives: Middle Radical Doubled, ă–ŭ.

449 כַּפֹּרֶת   556 פָּרֹכֶת

LIST LXII.
Intensives: Middle Radical Doubled, ĭ–â(ô).

125 גִּבּוֹר   447 כִּנּוֹר   578 רִמּוֹן   FEM.
814 כִּיּוֹר   565 צִפּוֹר   1100 שִׁבֹּלֶת

LIST LXIII.
Intensives: Middle Radical Doubled, ă–î.

625 אַבִּיר   836 לַפִּיד   952 סַפִּיר   1159 תַּנִּין
811 כַּבִּיר

LIST LXIV.
Intensives: Middle Radical Doubled, ă–û.

207 אַלּוּף   168 עַמּוּד   1059 רַחוּם   1158 תַּנּוּר
771 חַנּוּן   544 עַתּוּד

LIST LXV.

Intensives: Middle Radical Doubled, ĭ—û.

680 בִּכּוּר 873 מִלֻּאִים 1010 פִּתּוּחַ 602 שִׁקּוּץ
392 גִּלּוּלִים 1002 פִּקּוּדִים 1117 שִׁכּוּר

LIST LXVI.

Intensives: Middle Radical Doubled, irregular.

416 חֲצֹצְרֹת 450 כְּתֹנֶת

LIST LXVII.

Intensives: Third Radical Reduplicated.

1071 רַעֲנָן 1096 שַׁאֲנָן

LIST LXVIII.

Intensives: Contracted Stem Reduplicated.

708 גַּלְגַּל 440 כּוֹכָב 835 לֻלָאֹת 1013 צֶאֱצָאִים
709 גֻּלְגֹּלֶת 815 כִּכָּר 972 עַפְעַפַּיִם 1036 קָדְקֹד
742 זְנוּנִים

LIST LXIX.

Nouns with Preformatives, א prefixed.

628 אַבְנֵט 645 אֵיתָן 42 אַרְבַּע 670 אֶתְמוֹל
640 אֶזְרָח 368 אֶצְבַּע 668 אֶשְׁכֹּל 671 אֶתְנָן

LIST LXX.

Nouns with Preformatives, י or ה prefixed.

800 יִצְהָר 239 ? הֵיכָל (cf. the Assyrian).

LIST LXXI.

Nouns with Preformatives, מ prefixed, ă—ă.

1. *Strong and Guttural.*

858	מַחְמָד	487	מַעֲלָל		FEM.	154	מַמְלָכָה
102	מַלְאָךְ	888	מַעֲרָב	270	מַחֲשֶׁבֶת	889	מַעֲרָכָה
884	מִסְתָּר			153	מְלָאכָה		

2. פ"א

838 מֹאזְנַיִם

3. פ"ן

101	מַטֶּה	890	מַצָּב		FEM.	472	מַכָּה
882	מַסַּע		מַשָּׂא	864	מַטָּה	920	מַתָּנָה
				865	מַטָּרָה		

4. פ"ו

463	מוֹצָא	854	מוֹרָא	465	מוֹשָׁב		FEM.
						850	מוֹלֶדֶת

5. פ"י

867 מֵישָׁרִים

6. ל"ה

100	מַחֲנֶה	887	מַעֲלֶה		FEM.	903	מַרְאָה
859	מַחְסֶה	104	מַעֲשֶׂה	862	מַחְתָּה		
156	מַעַל	158	מַרְאֶה	486	מַעֲלָה		

LIST LXXII.

Nouns with Preformatives, מ prefixed, ĭ–ă.

1. *Strong and Guttural.*

840	מִבְחָר	875	מִמְכָּר	916	מִשְׁמָר	881	מִסְגֶּרֶת
841	מִבְטָה	280	מִקְדָּשׁ	60	מִשְׁפָּט	895	מִצְנֶפֶת
459	מִבְצָר	898	מִקְלָט	286	מִשְׁקָל	493	מֶרְכָּבָה
268	מִגְדָּל	904	מֶרְחָק			285	מִשְׁמֶרֶת
151	מִגְרָשׁ	911	מִשְׂגָּב		FEM.	917	מִשְׁעֶנֶת
274	מִזְרָח	495	מִשְׁכָּב	58	מִלְחָמָה	105	מִשְׁפָּחָה
466	מִזְרָק	159	מִשְׁכָּן	876	מֶמְשָׁלָה		

2. פ"ן

469 מִטָּה

3. ל"ה

871	מִכְסֶה	497	מִשְׁנֶה		FEM.	901	מִקְשָׁה
281	מִקְנֶה	498	מִשְׁתֶּה	157	מִצְוָה	494	מִרְמָה
907	מִרְעֶה			899	מִקְנָה		

LIST LXXIII.

Nouns with Preformatives, מ prefixed, å–ĭ.

1. *Guttural.*

489 מַעֲשֵׂר 909 מַרְפֵּא

2. פ"ן

FEM.

460	מַגֵּפָה	480	מַסֵּכָה	490	מַצֵּבָה	910	מַשְּׂאֵת

3. פ"ו

853	מוּסָר	99	מוֹעֵד	462	מוֹפֵת	464	מוֹקֵשׁ

4. ע"ע

843 מְגִלָּה 863 מְחִתָּה 894 מְצִלְתַּיִם 897 מַקֵּל

856 מְזִמָּה 481 מְסִלָּה

5. ל"ה

FEM.

861 מַחֲצִית 908 מַרְעִית

LIST LXXIV.

Nouns with Preformatives, מ prefixed, ĭ–ĭ.

1. *Strong and Guttural.*

57 מִזְבֵּחַ 883 מִסְפֵּר

LIST LXXV.

Nouns with Preformatives, מ prefixed, ă–ů.

1. *Guttural.*

467 מַחֲלֹקֶת

2. ע"ו

842 מָגוֹר FEM. 855 מְזוּזָה 892 מְצוּדָה

846 מְהוּמָה 879 מְנוּחָה 913 מְשׁוּבָה

LIST LXXVI.

Nouns with Preformatives, מ prefixed, ă–â (ô).

1. *Strong and Guttural.*

860 מַחְסוֹר 868 מַכְאוֹב 872 מִכְשׁוֹל 900 מִקְצוֹעַ

2. ע"ו (â)

891 מְצָר [צוּר] FEM.

488 מְעָרָה

THEIR FORMATION. 101

3. ע״ו (ô)

837 מָאוֹר	482 מָעוֹז	896 מָקוֹר	FEM.
458 מָבוֹא	885 מָעוֹן	282 מָרוֹם	870 מְכוֹנָה
845 מָדוֹן	59 מָקוֹם	912 מָשׂוֹשׂ	478 מְנוֹרָה
869 מָכוֹן			

LIST LXXVII.

Nouns with Preformatives, מ prefixed, ĭ—â (ô).

1. *Strong.*

273 מִזְמוֹר

2. פ״י

866 מִישׁוֹר

LIST LXXVIII.

Nouns with Preformatives, מ prefixed, ă—î.

1. *Guttural.*

915 מַשְׁחִית

2. ע״י

271 מְדִינָה   906 מְרִיבָה

LIST LXXIX.

Nouns with Preformatives, מ prefixed, ă—û.

1. פ״י

839 [יבל] מַבּוּל (?)

LIST LXXX.

Nouns with Preformatives, מ prefixed, ŭ–ā.

1. פ״ו

מוּסָר 272

FEM.

מוּסָרוֹת 852

LIST LXXXI.

Nouns with Preformatives, מ prefixed, irregular.

מָחָר = מְאָחָר 275

FEM.

מָחֳרָת 468

LIST LXXXII.

Nouns with Preformatives, ת prefixed, ă–ā.

1. פ״ו

תּוֹשָׁב 1143

FEM.

תּוֹרָה 117 תּוֹצָאוֹת 1141 תּוֹכַחַת 1140 תּוֹדָה 613

2. פ״י

תֵּימָן 1153

3. ע״ו

תְּהוֹם ? 612

4. ל״ה

FEM.

תְּעָלָה 1160 תַּאֲוָה 606

LIST LXXXIII.

Nouns with Preformatives, ת prefixed, ĭ–ă.

1. *Guttural.*

352 תִּפְאָרָה 353 תִּפְאֶרֶת

2. פ״י *irregular.*

617 תִּירוֹשׁ

3. ל״ה

621 תִּקְוָה

LIST LXXXIV.

Nouns with Preformatives, ת prefixed, ă–ĭ.

1. פ״ו

614 תּוֹלְדֹת 615 תּוֹלֵעָה 196 תּוֹעֵבָה

2. פ״י

611 תֵּבֵל [יבל]

3. ע״ע

350 תְּהִלָּה 1146 תְּחִלָּה 354 תְּפִלָּה

4. ל״ה

1137 תַּבְנִית

LIST LXXXV.

Nouns with Preformatives, ת prefixed, ă–û.

1. *Guttural.*

1139 תַּהְפֻּכוֹת 1147 תַּחֲנוּנִים

2. ע״ו

FEM.

תְּרוּמָה *355 תְּנוּפָה 620 תְּבוּנָה 610

3. ל״ה

תַּזְנוּת 1145

LIST LXXXVI.

Nouns with Preformatives, ת prefixed, ŭ–ĭ.

1. פ״י and ל״ה

תּוּשִׁיָּה 1144

LIST LXXXVII.

Nouns with Afformatives, ל affixed.

כַּרְמֶל 824 בַּרְזֶל 224 עֲרָפֶל 986

LIST LXXXVIII.

Nouns with Afformatives, ם affixed.

דָּרוֹם 724 אוּלָם 359

LIST LXXXIX.

Nouns with Afformatives, ן affixed.

1. *Adjectives in* וֹן

רִאשׁוֹן 181 עֶלְיוֹן 300 יְשִׁימוֹן 805 אֶבְיוֹן 198
אַחֲרוֹן 204

2. *Abstracts in* ָן (ָן).

שֻׁלְחָן 343 קָרְבָּן 323 קָצִין 1050 אַלְמָנָה 208
קִנְיָן 1047

3. Abstracts in וֹן *(ָן).*

652 אַלוֹן	736 זָדוֹן	791 יָגוֹן	332 רָצוֹן
653 אֵלוֹן	740 זִכָּרוֹן	808 יִתְרוֹן	1093 שָׂשׂוֹן
84 אָרוֹן	404 חָזוֹן	150 לָשׁוֹן	1094 שָׁאוֹן
370 אַרְמוֹן	756 חִזָּיוֹן	109 עָוֹן	
226 גָּאוֹן	409 חַלּוֹן	1041 קָלוֹן	
240 הָמוֹן	418 חָרוֹן	578 רִמּוֹן	

LIST XC.

Multiliterals.

1. Quadriliterals.

822 כַּפְתּוֹר 548 פִּילֶגֶשׁ 561 צַוָּאר 333 שְׂמֹאול

2. Quinquiliterals.

369 אַרְגָּמָן 1031 צְפַרְדֵּעַ

LIST XCI.

Compounds.

656 אַמְתַּחַת 382 בְּלִיַּעַל 456 מְאוּמָה 1022 ? צַלְמָוֶת

LIST XCII.

Denominatives, participial forms.

511 נְעוּרִים 594 שׁוֹעֵר

LIST XCIII.

Denominatives, מ formations.

886 מַעְיָן

LIST XCIV.

Denominatives, with Afformatives.

1. וֹן

תִּיכוֹן 1152 שַׁבָּתוֹן 1101 עֶשְׂרוֹן 542 אַחֲרוֹן 204
תַּחְתּוֹן 1150 רִאשׁוֹן 181 חִיצוֹן 760

2. ִי

קַדְמוֹנִי 1035 נָכְרִי 510 יְמָנִי 796 אַכְזָרִי 647
תַּחְתִּי 1151 פְּנִימִי 551 חָפְשִׁי 775 יִדְּעֹנִי 793
יְמִינִי 430

3. ַי

? שַׁדַּי [שָׁדַד] 593 אִשֶּׁה 219

4. ִית

שְׁאֵרִית 337 רֵאשִׁית 327 אַחֲרִית 205

5. וּת

שְׁרִירוּת 1133 עֵדוּת 296 מַלְכוּת 277

6. *Adverbs in* ם

שִׁלְשׁוֹם 597 פִּתְאוֹם 558 רֵיקָם 1062 חִנָּם 413
יוֹמָם 260

VII. Nouns Arranged According to their Meaning.

(Each noun under this head takes the number that belongs to it in the "arrangement according to frequency of occurrence.")

LIST XCV.

The Heavens and Heavenly Bodies.

1074	רָקִיעַ	837	מָאוֹר		(כֶּסֶא)		(הֵילֵל)
75	שָׁמַיִם	193	שֶׁמֶשׁ	50	חֹדֶשׁ	265	כְּסִיל
1112	שַׁחַק		(חֶרֶס)*	440	כּוֹכָב		
	צָבָא	434	יָרֵחַ		(מַזָּלוֹת)		

LIST XCVI.

Time and its Divisions.

512	נֶצַח	361	אָחוֹר	1058	רֶגַע	275	מָחָר
64	עוֹלָם	126	דּוֹר	1113	שַׁחַר	468	מָחֳרָת
68	עֵת	38	שָׁנָה	86	בֹּקֶר	645	אֵיתָן
99	מוֹעֵד	624	אָבִיב	1014	צָהֳרַיִם	197	תָּמִיד
327	רֵאשִׁית	1040	קַיִץ	171	עֶרֶב		עוֹד
1146	תְּחִלָּה		(חֹרֶף)	97	לַיְלָה	172	פַּעַם
367	אֶפֶס		(סְתָו)	670	אֶתְמוֹל	558	פִּתְאוֹם
320	קֵץ	50	חֹדֶשׁ	1155	תְּמוֹל	992	עַתָּה
204	אַחֲרוֹן	803	יֶרַח	597	שִׁלְשׁוֹם	188	שַׁבָּת
205	אַחֲרִית	1098	שָׁבוּעַ	260	יוֹמָם		
314	קֶדֶם	20	יוֹם		הַיּוֹם		

---

* Words in parentheses occur less than ten times.

LIST XCVII.

Natural Phenomena.

118	אוֹר	951	סְעָרָה		(מַלְקוֹשׁ)	637	אוּר
662	אֹפֶל	1106	שׁוֹאָה		(כְּפוֹר)	831	לַהַב
663	אֲפֵלָה	839	מַבּוּל	383	בָּרָד	832	לֶהָבָה
256	חֹשֶׁךְ	1100	שִׁבֹּלֶת	1121	שֶׁלֶג		(לַהַט)
986	עֲרָפֶל	522	עָב	689	בָּרָק		(רֶשֶׁף)
940	נֶשֶׁף	304	עָנָן		(רַעַם)	706	גֶּחָלִים
767	חֹם		(אֵד)	32	קוֹל	1092	שְׂרֵפָה
	(קֹר)	424	טַל	326	קֶשֶׁת	924	נֹגַהּ
	(קָרָה)	470	מָטָר		(דְּמָמָה)	664	אֵפֶר
	(קֶרַח)	394	גֶּשֶׁם	1018	צִיָּה	989	עָשָׁן
1072	רַעַשׁ		(שְׂעִירִים)	563	צֵל		
947	סוּפָה		(יוֹרֶה)		אֵשׁ		

LIST XCVIII.

The Earth and its Divisions.

10	אֶרֶץ	971	עֹפֶל		(מוֹרָד)	805	יְשִׁימוֹן
611	תֵּבֵל	1129	שְׁפִי	302	עֵמֶק	262	יַעַר
	(חָרָבָה)	310	צוּר	231	גַּיְא	243	חֶבֶל
790	יַבָּשָׁה	292	סֶלַע	684	בִּקְעָה	410	חֶלְקָה
79	אֲדָמָה		(סָעִיף)	866	מִישׁוֹר	824	כַּרְמֶל
16	הַר	488	מְעָרָה		(אִי)	72	שָׂדֶה
733	הָרָר	911	מִשְׂגָּב		(חוֹף)	1081	שָׂדַי
228	גִּבְעָה	887	מַעֲלֶה	417	חָרְבָּה		

LIST XCIX.

Water and its Divisions.

24	מַיִם	259	יְאוֹר	1160	תְּעָלָה	620	אֲגַם
612	תְּהוֹם		יַרְדֵּן	710	גֻּלָּה	688	בְּרֵכָה
53	יָם	661	אָפִיק	28	עַיִן	375	בְּאֵר
	נָהָר	161	נַחַל	886	מַעְיָן	220	בּוֹר
	(מַעְבָּר)	995	פֶּלֶג	896	מָקוֹר		

LIST C.

Geographical Terms.

178	צָפוֹן	724	דָּרוֹם	308	פֵּאָה	306	עֲרָבָה
274	מִזְרָח	160	נֶגֶב	815	כִּכָּר	1131	שְׁפֵלָה
314	קֶדֶם	1153	תֵּימָן		מִדְבָּר	89	גְּבוּל
1034	קַדְמָה		יָמָּה	866	מִישׁוֹר	697	גְּבוּלָה
1035	קַדְמוֹנִי	888	מַעֲרָב	294	עֵבֶר	887	מַעֲלֶה

LIST CI.

Space: Terms expressing Position, Direction, or Linear Measurement.

59	מָקוֹם	864	מַטָּה	730	הָלְאָה	607	אֹרֶךְ
533	עֻמָּה	1149	תַּחַת	904	מֶרְחָק		(קֹצֶר)
324	קָרוֹב	1150	תַּחְתּוֹן	329	רָחוֹק	183	רֹחַב
111	קֶרֶב	1151	תַּחְתִּי	731	הֲלֹם	696	גֹּבַהּ
77	תָּוֶךְ	130	חוּץ	141	יָמִין	387	גָּבֹהַּ
1152	תִּיכוֹן	760	חִיצוֹן	430	יְמִינִי	567	קוֹמָה
997	פְּנִימָה	461	מוּל	796	יְמָנִי	968	עֹמֶק
551	פְּנִימִי	923	נֶגֶד	333	שְׂמֹאל	1130	שָׁפָל
62	סָבִיב	509	נֹכַח	218	אֹרֶךְ	82	אַמָּה

LIST CII.

Expressions for Quantity and Weight.

	כֹּל	586	שָׂרִיד	155	מִסְפָּר	363	אֵיפָה
817	כָּלָה	587	שְׁאָר	165	סֵפֶר	691	בַּת
818	כָּלִיל	337	שְׁאֵרִית	987	עָשׂוֹר	729	הִין
	(מְלֹא)	144	יֶתֶר	1057	רְבָבָה	411	חֹמֶר
1080	שָׂבֵעַ	773	חָסֵר	467	מַחֲלֹקֶת	969	עֹמֶר
70	רַב	46	גָּדוֹל	861	מַחֲצִית	286	מִשְׁקָל
182	רֹב	1029	צָעִיר	135	חֲצִי	815	כִּכָּר
396	דַּי	316	קָטוֹן	489	מַעֲשֵׂר	348	שֶׁקֶל
278	מְעַט	568	קָטָן	391	גַּל		
1009	פַּת	270	מִדָּה	878	מָנֶה		

LIST CIII.

Physical Qualities.

369	אַרְגָּמָן	918	מָתוֹק	778	חָרֵב	143	יָשָׁר
453	לָבָן	930	נִיחוֹחַ	779	חֹרֶב	619	תָּם
1071	רַעֲנָן	492	מַר	1018	צִיָּה	351	תָּמִים
601	שָׁנִי	573	קָשֶׁה	1061	רֵיק		
615	תּוֹלֵעָה	439	כָּבֵד	1062	רֵיקָם		
618	תְּכֵלֶת	1042	קַל	245	חָדָשׁ		

LIST CIV.

Minerals and Metals.

751	חוֹל	169	עָפָר	476	מֶלַח		(חַלָּמִישׁ)
411	חֹמֶר		(גָּפְרִית)	78	אֶבֶן	604	שֵׁשׁ
786	טִיט		(נֶתֶר)	310	צוּר		(אֹדֶם)

THEIR MEANING.   111

נְחֹשֶׁת 162	בַּרְזֶל 224	(קֶרַח)	(יַהֲלֹם)
(עֹפֶרֶת)	זָהָב 49	שֹׁהַם 1104	(יָשְׁפֵה)
	כֶּסֶף 55	שָׁמִיר 1125	(סֹחֶרֶת)
	נְחוּשָׁה 929	(בְּדִיל)	סַפִּיר 952

LIST CV.
Life, Disease and Death.

נְבֵלָה 501	מַגֵּפָה 460	מוּם 851	חַי 17
צַלְמָוֶת 1022	חֳלִי 704	מְחִיר 857	(יְקוּם)
קְבוּרָה 1033	נֶתֶק 944	(חֵרֵשׁ)	יֵשׁ 142
	צָרַעַת 566	עִוֵּר 530	נְשָׁמָה 939
	שְׁחִין 1111	פִּסֵּחַ 998	מַרְפֵּא 909
	מָוֶת 152	דֶּבֶר 235	(פִּקֵּחַ)

LIST CVI.
Vegetation and its Products.

צֶמַח 1025	קָמָה 1044	(אָחוּ)	גַּן
קָנֶה 319	רֹאשׁ 1056	(גֹּמֶא)	יַעַר 262
קַשׁ 1054	שְׂעֹרָה	דָּגָן 395	כֶּרֶם 149
תֶּבֶן 1136	שׁוֹשָׁן	(דַּרְדַּר)	כַּרְמֶל 824
עֵץ 65	אָבִיב 624	דֶּשֶׁא 725	מִרְעֶה 907
(אַיִל)	בַּר 685	חִטָּה 247	שָׂדֶה 72
אֵלָה 651	זֶרַע 90	(סוּף)	יְבוּל 789
אַלּוֹן 652	חָצִיר 776	עֵשֶׂב 540	מִגְרָשׁ 151
אֵלוֹן 653	מֹר 902	פֵּשֶׁת 1008	קָצִיר 322
אֶרֶז 214	פֶּרַח 1006	קוֹץ 1038	תְּבוּאָה 609
(בָּטְנִים)	צִיץ 1019	(קִיקָיוֹן)	אֵזוֹב 638

686	בְּרוֹשׁ		(שִׁקְמִים)	787	טֶרֶף	1171	רַעֲנָן
233	גֶּפֶן	607	תְּאֵנָה	101	מַטֶּה	690	בֶּשֶׂם
401	זַיִת	1156	תָּמָר	963	עָלֶה		(זֶפֶת)
	(לִבְנֶה)		(תַּפּוּחַ)	970	עֵנָב	821	כֹּפֶר
	(סְנֶה)	668	אֶשְׁכֹּל		(עָנָף)	829	לְבוֹנָה
578	רִמּוֹן		(גֶּזַע)	174	פְּרִי	950	סַמִּים
	(שִׁיחַ)		(זְמוֹרָה)	603	שֹׁרֶשׁ		
595	שִׁטָּה		(חֹטֶר)		(יֶרֶק)		

LIST CVII.

Animals, Wild and Domestic.

471	מִין		(נָמֵר)	717	דָּג		(רִמָּה)
17	חַיָּה	1004	פֶּרֶא	718	דָּגָה	615	תּוֹלֵעָה
	(יְקוּם)	559	צְבִי	1148	תַּחַשׁ	44	בְּהֵמָה
1047	קִנְיָן		(רְאֵם)	1159	תַּנִּין	80	אַיִל
281	מִקְנֶה		(שׁוּעָל)	1067	רֶמֶשׂ	643	אַיָּל
528	עֵדֶר		עוֹף	508	נָחָשׁ	207	אַלּוּף
703	גְּדֵרָה	565	צִפּוֹר		(פֶּתֶן)	374	אָתוֹן
216	אֲרִי		(גּוֹזָל)	1031	צְפַרְדֵּעַ	124	בָּקָר
217	אַרְיֵה		(חֲסִידָה)		(שֶׁרֶץ)	699	גְּדִי
	(גּוּר)	429	יוֹנָה	665	אַרְבֶּה	232	גָּמָל
448	כְּפִיר	516	נֶשֶׁר		(דְּבוֹרָה)		(חֲזִיר)
828	לָבִיא	980	עֹרֵב		(זְבוּב)	251	חֲמוֹר
	(שַׁחַל)		(קֹרֵא)		(כִּנָּם)	145	כֶּבֶשׂ
714	דֹּב		(שְׂלָו)		(עַקְרָב)	443	כֶּלֶב
	(זְאֵב)	1142	תּוֹר	979	עָרֹב	823	כַּר

825	כֶּשֶׂב	544	עַתּוּד		(רָחֵל)	754	חָזֶה
164	סוּס	173	פַּר	581	שֶׂה	147	כָּנָף
524	עֵגֶל		(פֶּרֶד)	335	שָׂעִיר	819	כֶּסֶל
298	עֵז	1005	פָּרָה	341	שׁוֹר	741	זָנָב
	(עַיִר)	110	צֹאן	325	קֶרֶן	1007	פַּרְסָה

LIST CVIII.

Animal Products.

	(בֵּיצִים)	236	דְּבַשׁ	248	חֵלֶב	1046	קֵן
687	בָּרִיא	408	חָלָב	1026	צֶמֶר		

LIST CIX.

Various Groupings of Mankind.

47	גּוֹי	277	מַלְכוּת	105	מִשְׁפָּחָה	389	גְּדוּד
451	לְאֹם	154	מַמְלָכָה	749	חֶבֶר	240	הָמוֹן
30	עַם	271	מְדִינָה	167	עֵדָה		
874	מְלוּכָה	187	שֵׁבֶט	315	קָהָל		

LIST CX.

Various Words for Man.

241	זָכָר	229	גֶּבֶר		(יַלְדָּה)		בְּתוּלָה
936	נְקֵבָה	919	מְתִים	108	נַעַר	128	זָקֵן
2	אָדָם		(יוֹנֵק)	290	נַעֲרָה		(זְקֵנָה)
7	אִישׁ	957	עוֹלֵל		(עֶלֶם)	1084	שֵׂיבָה
43	אִשָּׁה	427	טַף		(עַלְמָה)	125	גִּבּוֹר
9	אֱנוֹשׁ	261	יֶלֶד	378	בָּחוּר	974	עָצֵל

LIST CXI.

The Body and its Members.

704	גְּוִיָּה	972	עַפְעַפַּיִם	695	גַּב	436	יַרְכָּה
	(גּוּפָה)		(אִישׁוֹן)	560	צַד	385	בֶּרֶךְ
993	פֶּגֶר	83	אַף	564	צֵלָע		(קַרְסֹל)
88	בָּשָׂר	121	אֹזֶן	267	כָּתֵף	112	רֶגֶל
297	עוֹר	833	לְחִי	1118	שְׁכֶם	975	עָקֵב
1097	שְׁאֵר	69	פֶּה	242	זְרוֹעַ	111	קֶרֶב
48	דָּם	186	שָׂפָה	82	אַמָּה	22	לֵב
170	עֶצֶם	346	שֵׁן	19	יָד	96	לֵבָב
	(גִּיד)	150	לָשׁוֹן	95	כַּף	221	בֶּטֶן
34	רֹאשׁ	761	חֵךְ	430	יְמִינִי	484	מֵעִים
709	גֻּלְגֹּלֶת	746	זָקָן	368	אֶצְבַּע	575	רֶחֶם
1036	קָדְקֹד	561	צַוָּאר	674	בֹּהֶן	810	כָּבֵד
583	שֵׂעָר	539	עֹרֶף	766	חֲלָצַיִם	445	כְּלָיוֹת
31	פָּנִים		(גַּרְגֶּרֶת)	499	מָתְנַיִם	809	יֹתֶרֶת
893	מֵצַח		(גָּרוֹן)	984	עָרְלָה		
28	עַיִן	407	חֵיק		שׁוֹק		
	(גַּבּוֹת)	1103	שַׁד	435	יָרֵךְ		

LIST CXII.

Physical Qualities of Man.

625	אַבִּיר	146	כֹּחַ	983	עָרִיץ	1135	תֹּאַר
636	אוֹן	482	מָעוֹז	397	דַּל	780	חָרוּץ
227	גְּבוּרָה	958	עַז	431	יָפֶה		
92	חַיִל	299	עֹז	799	יֳפִי		
811	כַּבִּיר	536	עָצוּם	559	צְבִי		

LIST CXIII.

States of the Body.

רַךְ	1063	עָקָר	977	זָקֵן	128	אֶבְיוֹן	
שֵׂיבָה	1084	עֶרְוָה	307	נְעוּרִים	511	בְּתוּלִים	692
שָׁמֵן	1126	עָרוֹם	981	עָיֵף	961	דַּק	723
שֵׁנָה	1128	קָרְחָה	1052	עֵירֹם	962	הָרָה	732

LIST CXIV.

Terms expressive of Man's Position in the World.

1. *Relationships.*

כַּלָּה	444	אָח	4	אָב	1	מַטֶּה	101
חֹתֵן		אָחוֹת	119	אֵם		שֵׁבֶט	187
(חָם)		דּוֹד	720	יָלִיד	795	מִשְׁפָּחָה	105
חָמוֹת	769	אִישׁ	7	בְּכוֹר	123	מוֹלֶדֶת	850
פִּילֶגֶשׁ	548	בַּעַל	223	בְּכוֹרָה	681	תּוֹלְדוֹת	614
אַלְמָנָה	208	אִשָּׁה	43	בֵּן	13	(נֶכֶד)	
יָתוֹם	438	חָתָן	783	בַּת	45	צֶאֱצָאִים	1013

2. *Social Affiliations.*

(רֹפֵא)		עָשִׁיר	988	גֵּר	234	חָבֵר	748
שׁוֹעֵר	594	חָרָשׁ	420	תּוֹשָׁב	1143	עָמִית	967
עֶבֶד	27	(מוֹרֶה)		נָכְרִי	510	רֵעַ	113
שִׁפְחָה	347	סֹחֵר		צַר	179	רַעְיָה	1070
		סֹפֵר		צָרָה	311	אֶזְרָח	640
		רֹכֵל	1064	חָפְשִׁי	775	שָׁכֵן	1119

3. *Dignity and Rank.*

אַדִּיר	356	מָרוֹם	282	גְּדֻלָּה	701	שֵׁם	36
גָּאוֹן	226	שְׂאֵת	1078	יִתְרוֹן	808	גֹּדֶל	700

399	חָדָר	25	מֶלֶךְ	945	סֶגֶן	1123	שָׁלִישׁ
727	הוֹד	284	מָשִׁיחַ	547	פֶּחָה	755	חֹזֶה
802	יְקָר		(שַׁלִּיט)	752	חוֹר	793	יִדְּעֹנִי
94	כָּבוֹד	502	נָגִיד		יוֹעֵץ	61	נָבִיא
352	תִּפְאָרָה	163	נָשִׂיא		שׁוֹפֵט	21	כֹּהֵן
353	תִּפְאֶרֶת	1050	קָצִין	1003	פָּקִיד	813	כְּהֻנָּה
39	אָדוֹן	73	שַׂר	520	סָרִיס		
223	בַּעַל	935	נְצִיב	1115	שֹׁטֵר		

LIST CXV.

Abodes and Parts of Abodes.

29	עִיר	891	מְצָד	797	יְסוֹד		(מַשְׁקוֹף)
318	קִיר	491	מָצוֹר	852	מוּסָדוֹת	1020	צִיר
572	קִרְיָה	816	כֶּלֶא	869	מָכוֹן	384	בְּרִיחַ
100	מַחֲנֶה	865	מַטָּרָה	870	מְכוֹנָה		(מַפְתֵּחַ)
702	גָּדֵר	239	הֵיכָל	129	חוֹמָה	666	אֲרֻבָּה
76	שַׁעַר	280	מִקְדָּשׁ	388	גָּג	409	חַלּוֹן
481	מְסִלָּה	159	מִשְׁכָּן	776	חָצִיר	1014	צֹהַר
328	רְחוֹב	885	מָעוֹן	168	עַמּוּד	403	חֶדֶר
370	אַרְמוֹן	921	נָאָה		(קוֹרָה)	455	לִשְׁכָּה
679	בִּירָה	506	נָוֶה	486	מַעֲלָה	964	עֲלִיָּה
459	מִבְצָר	12	בַּיִת	359	אוּלָם	1134	תָּא
268	מִגְדָּל	40	אֹהֶל	855	מְזוּזָה	900	מִקְצוֹעַ
881	מִסְגֶּרֶת		(סַךְ)	175	פֶּתַח	550	פִּנָּה
482	מָעוֹז	518	סֻכָּה	237	דֶּלֶת		

LIST CXVI.

Intellect, Sensibility and Will.

426	טַעַם	1144	תּוּשִׁיָּה	334	שִׂמְחָה	744	זַעַם
1023	צָמָא	728	הַוָּה	1093	שָׂשׂוֹן	133	חֵמָה
331	רֵיחַ	768	חֶמְדָּה	791	יָגוֹן	418	חָרוֹן
185	רָעָב	840	מִבְחָר	868	מַכְאוֹב	523	עֶבְרָה
1069	רָעֵב	858	מַחְמָד	735	זֵד	571	קֶצֶף
739	זֵכֶר	860	מַחְסוֹר	386	בֹּשֶׁת	937	נָקָם
380	בִּינָה	606	תַּאֲוָה	446	כְּלִמָּה	514	נְקָמָה
238	דַּעַת	357	אַהֲבָה	1041	קָלוֹן	1124	שַׁמָּה
131	חָכָם	1091	שִׂנְאָה	676	בּוּז	644	אֵימָה
132	חָכְמָה	373	אֶשֶׁר	1082	שְׂחוֹק	682	בַּלָּהָה
982	עָרוּם	226	גָּאוֹן	820	כַּעַס	433	יִרְאָה
1087	שֵׂכֶל	912	מָשׂוֹשׂ	570	קִנְאָה	854	מוֹרָא
610	תְּבוּנָה	332	רָצוֹן	83	אַף	546	פַּחַד

LIST CXVII.

Operations and Enactments of the Foregoing Faculties.

553	פֹּעַל	598	שְׁמוּעָה	14	דָּבָר	707	גִּיל
856	מְזִמָּה	1127	שֵׁמַע	211	אֹמֶר	774	חָפֵץ
276	מַחֲשֶׁבֶת	249	חֲלוֹם	366	אִמְרָה	1090	שָׂמֵחַ
946	סוֹד	758	חִידָה	745	זְעָקָה	627	אֵבֶל
305	עֵצָה	777	חֵקֶר	1030	צְעָקָה	657	אֲנָחָה
404	חָזוֹן	1095	שְׁאֵלָה	1085	שִׂיחַ	381	בְּכִי
756	חִזָּיוֹן		(קֶשֶׁב)	1109	שַׁוְעָה	722	דִּמְעָה
158	מַרְאֶה	32	קוֹל	622	תְּרוּעָה	273	מִזְמוֹר

רִיב	330	חֵרֶם	419	דִּין	721	מָשָׁל	496
לַחַץ	834	קְלָלָה	569	דָּת	726	רִנָּה	579
חָמָס	252	מְהוּמָה	846	מֶמְשָׁלָה	876	שִׁיר	342
מַשְׁחִית	915	מְחִתָּה	863	פְּקֻדָּה	554	שִׁירָה	1116
עֹשֶׁק	990	קֶשֶׁר	1055	פִּקּוּדִים	1002	תְּהִלִּים	350
שֹׁד	592	מְרִי	905	גְּעָרָה	713	מִסְפֵּד	883
		מָדוֹן	845	מוּסָר	272	קִינָה	1039
		מְרִיבָה	906	תּוֹכַחַת	1140	נָדִיב	505

LIST CXVIII.

Human Actions and Occupations.

1. *Action in general.*

פְּעֻלָּה	1001	עֲבוֹדָה	166	מַעֲשֶׂה	104	מְלָאכָה	153
		עֲלִילָה	965	מִשְׁמֶרֶת	285	מַעֲלָל	487

2. *Trade and Commerce.*

אֶתְנָן	671	נֶשֶׁךְ	938	יְרֻשָּׁה	804	מַעֲרָב	888
שָׂכָר	1088	מִמְכָּר	875	נַחֲלָה	107	רֹכֵל	1064
אִגֶּרֶת	630	מִקְנָה	899	הוֹן	400	שָׂכִיר	1086
כְּתָב	826	קִנְיָן	1047	עֹשֶׁר	543	אֲחֻזָּה	203
אֳנִיָּה	658	גְּאֻלָּה	694	רְכוּשׁ	577	חֵלֶק	250
		כֹּפֶר	821	יְגִיעַ	792	חֶלְקָה	410

3. *War.*

אַסִּיר	659	טֶבַח	784	רַגְלִי		מִלְחָמָה	58
מַס	880	בַּז	377	מַצָּב	890	מָצוֹר	491
		בִּזָּה	677	חַיִל	759	מַעֲרָכָה	889
		בֶּצַע	683	מַכָּה	472	פָּרָשׁ	309

4. Miscellaneous.

908	מַרְעִית	705	גָּזִית	1010	פִּתּוּחַ	498	מִשְׁתֶּה
1016	צַיִד	420	חָרָשׁ	421	טַבָּח		

LIST CXIX.

Articles Used in Daily Life.

1. Generic.

כְּלִי 54

2. Agriculture.

393	גֹּרֶן	525	עֲגָלָה	849	מוֹטָה	1024	צֶמֶד
798	יָע	360	אוֹפָן	953	סֶרֶן	1037	קָו
801	יֶקֶב	708	גַּלְגַּל	532	עֹל	1107	שׁוֹט

3. Architecture.

199	אֶרֶן	750	חוֹחַ	827	כֹּתֶרֶת	1053	קֶרֶם
734	וָו	807	יָתֵד	1020	צִיר	1157	תִּמֹרָה

4. The Chase.

464	מוֹקֵשׁ	892	מְצוּדָה	545	פַּח	1077	רֶשֶׁת

5. Clothing.

85	בֶּגֶד	483	מְעִיל		(חֲגֹרָה)	955	עֲדִי
765	חֲלִיפָה	1108	שׁוּל	753	חוֹתָם	960	עֲטָרָה
	(כְּסוּת)	450	כְּתֹנֶת	422	טַבַּעַת		(עֲנָק)
452	לְבוּשׁ	212	אֵפוֹד	934	נַעַל	101	מַטֶּה
844	מַד	895	מִצְנֶפֶת	656	אַמְתַּחַת	897	מַקֵּל
871	מִכְסֶה		(צָנִיף)	1032	צְרוֹר		(חוּט)
	(מַלְבּוּשׁ)	479	מָסָךְ	747	זֵר	585	שַׂק
1089	שַׂלְמָה		(צָעִיף)	822	כַּפְתּוֹר	604	שֵׁשׁ
582	שִׂמְלָה	628	אַבְנֵט	927	נֶזֶם		
631	אַדֶּרֶת	639	אֵזוֹר	954	עֲבֹת		

6. *Furniture.*

1079	שְׂבָכָה	84	אָרוֹן		(דּוּד)	917	מִשְׁעֶנֶת
835	לֻלָאֹת	608	תֵּבָה	812	כַּד	691	לוּחַ
263	יְרִיעָה	469	מִטָּה	441	כּוֹס		(עֵט)
343	שֻׁלְחָן		(מַצָּע)	466	מִזְרָק	903	מַרְאָה
148	כִּסֵּא	495	מִשְׁכָּב	517	סִיר	1161	תַּעַר
465	מוֹשָׁב	1158	תַּנּוּר	519	סַף	838	מֹאזְנַיִם
	(הֲדוֹם)	814	כִּיּוֹר		(צִנְצֶנֶת)	286	מִשְׁקָל
478	מְנוֹרָה	632	אוֹב	1049	קְעָרָה		
515	נֵר	698	גָּבִיעַ	948	סַל		
862	מַחְתָּה	710	גֻּלָּה		(גַּרְזֶן)		

7. *Musical Instruments.*

925	נְגִינָה		(חָלִיל)	416	חֲצֹצְרָה	894	מְצִלְתַּיִם
447	כִּנּוֹר		(עוּגָב)	1162	תֹּף		(מְנַעַנְעִים)
500	נֵבֶל	340	שׁוֹפָר		(צֶלְצְלִים)	1123	שָׁלִישׁ

8. *Weapons and Articles of Warfare.*

719	דֶּגֶל	782	חֹשֶׁן	941	נֶשֶׁק	184	רֶכֶב
412	חֲנִית	269	מָגֵן	1027	צִנָּה	1065	רֹמַח
254	חֵץ	493	מֶרְכָּבָה	1043	קֶלַע	1122	שֶׁלַח
52	חֶרֶב	932	נֵס	326	קֶשֶׁת		

9. *Miscellaneous.*

364	אֹכֶל	457	מַאֲכָל	1017	צֵידָה	836	לַפִּיד
648	אָכְלָה	877	מָן				

LIST CXX.

Products of Manufacture.

293	סֹלֶת	770	חָמֵץ	762	חַלָּה	56	לֶחֶם
1045	קֶמַח	279	מַצָּה	815	כִּכָּר	140	יַיִן

סֹלְלָה	949	רִקְמָה	1075	שֶׁמֶן	191	שֵׁכָר	1120
מְגִלָּה	843	מִקְשָׁה	901	קְטֹרֶת	317	תִּירוֹשׁ	617
		לְבֹנָה	830	פְּתִיל	1012	יִצְהָר	800

LIST CXXI.

The Spiritual Nature.

רוּחַ	71	נֶפֶשׁ	26

LIST CXXII.

Ethical and Religious Terms.

אַכְזָרִי	647	תָּם	1154	תְּשׁוּעָה	623	אֶבְיוֹן	198
אַשְׁמָה	669	תֹּם	619	יָקָר	432	אֱמוּנָה	210
גַּאֲוָה	693	תִּקְוָה	621	יָשָׁר	143	אֱמֶת	655
זָדוֹן	736	חֹק	137	יֹשֶׁר	806	בֶּטַח	379
שַׁאֲנָן	1096	חֻקָּה	138	מִישׁוֹר	866	מִבְטָח	841
גַּנָּב	712	מִצְוָה	157	מֵישָׁרִים	867	בְּרָכָה	225
דִּבָּה	715	מִשְׁפָּט	60	נִדָּה	504	דֶּרֶךְ	15
זְנוּנִים	742	תּוֹרָה	117	נָקִי	513	זַךְ	738
זְנוּת	743	אֱוִיל	358	עָנָו	534	טָהוֹר	257
תַּזְנוּת	1145	אִוֶּלֶת	635	עָנִי	535	חֵן	253
זִמָּה	402	אָוֶן	200	עֳנִי	303	חַנּוּן	771
חַטָּא	757	אֱלִיל	654	פְּתִי	1011	חֶסֶד	93
חֵטְא	405	בְּלִיַּעַל	382	צֶדֶק	176	חָסִיד	414
חַטָּאת	91	כְּסִיל	265	צְדָקָה	177	חֵפֶץ	415
חָנֵף	772	כֶּסֶל	819	קֹדֶשׁ	33	נָעִים	933
מַעַל	485	נְבָלָה	922	רַחוּם	1059	טוֹב	18
עָוֶל	956	רֵיק	1060	שָׁלוֹם	115	יֶשַׁע	437
עָוֹן	109	שָׁוְא	1105	שָׁלֵם	596	יְשׁוּעָה	264

1068	רֹעַ	425	טֻמְאָה	1066	רְמִיָּה	1133	שְׁרִירוּת
114	רָשָׁע	1132	שֶׁקֶץ	195	שֶׁקֶר	538	עָרֵל
580	רֶשַׁע	602	שִׁקּוּץ	913	מְשׁוּבָה	1102	שְׁגָגָה
1076	רִשְׁעָה	196	תּוֹעֵבָה	529	עַוְלָה	1117	שִׁכּוֹר
255	חֶרְפָּה	442	כָּזָב	978	עִקֵּשׁ		
258	טָמֵא	494	מִרְמָה	1139	תַּהְפֻּכוֹת		

LIST CXXIII.

Sacrifice and Worship.

87	בְּרִית	103	מִנְחָה	354	תְּפִלָּה	372	אֲשֵׁרָה
916	מִשְׁמָר	920	מַתָּנָה	660	אִסָּר	222	בָּמָה
159	מִשְׁכָּן	503	נְדָבָה	873	מִלֻּאִים	392	גִּלּוּלִים
280	מִקְדָּשׁ	289	נֶסֶךְ	914	מִשְׁחָה	480	מַסֵּכָה
716	דְּבִיר	63	עוֹלָה	288	נֶדֶר	490	מַצֵּבָה
84	אָרוֹן	542	עִשָּׂרוֹן	926	נָזִיר	973	עָצָב
449	כַּפֹּרֶת	317	קְטֹרֶת	928	נֵזֶר	999	פְּסִילִים
556	פָּרֹכֶת	323	קָרְבָּן	244	חָג	1000	פֶּסֶל
57	מִזְבֵּחַ	344	שֶׁלֶם	547	פֶּסַח	1021	צֶלֶם
637	אוּר	620	תְּנוּפָה	188	שַׁבָּת	1048	קֶסֶם
219	אִשֶּׁה	355	תְּרוּמָה	1015	צוֹם	1163	תְּרָפִים
371	אָשָׁם	613	תּוֹדָה	230	גּוֹרָל		
680	בְּכוֹר	616	תְּחִנָּה	419	חֵרֶם		
127	זֶבַח	1147	תַּחֲנוּנִים	283	מַשָּׂא		

LIST CXXIV.

The Future World.

266	כְּרוּב	1073	רְפָאִים	336	שְׁאוֹל	1114	שַׁחַת
102	מַלְאָךְ	1083	שָׂטָן				

LIST CXXV.

God.

שַׁדַּי 593	יְהוָֹה	אֱלֹהִים 8	אֲדֹנָי 3
	עֶלְיוֹן 300	אֱלוֹהַּ 206	אֵל 81

VIII. Nouns Arranged According to their Derivation.

LIST CXXVI.

Derivatives from Verbs occurring 500–5000 times.

1. אכל Eat

1)	אֹכֶל	Food	5)	מַאֲכֹלֶת	Food
2)	אָכְלָה	Food	6)	מַאֲכֶלֶת	Knife
3)	אֲכִילָה	A meal	7)	מַכֹּלֶת	Food
4)	מַאֲכָל	Food			

2. אמר Say

1)	אֹמֶר	A Saying	5)	אָמִיר	Summit
2)	אֹמֶר	Word	6)	מַאֲמָר	Command
3)	אִמְרָה	Utterance	7)	אֱמֹרִי	Amorite
4)	אֶמְרָה	Utterance			

3. בוא Go in

1)	בִּאָה	Entrance	3)	מוֹבָא	Entrance
2)	מָבוֹא	Entrance	4)	תְּבוּאָה	Increase

4. דבר Speak

1)	דָּבָר	Speech	5)	דִּבְרָה	Cause
2)	דֶּבֶר	Destruction	6)	דַּבָּרָה	Utterance
3)	דְּבִיר	Inner Sanctuary	7)	דֹּבְרוֹת	Rafts
4)	דֹּבֶר	Pasture-ground	8)	מִדְבָּר	Wilderness

5. הלך Go

1) הֵלֶךְ Way
2) הָלִיךְ Step
3) הֲלִיכָה Way
4) מַהֲלָךְ Journey
5) תַּהֲלוּכָה Procession

6. ידע Know

1) דֵּעַ Knowledge
2) דֵּעָה Knowledge
3) דַּעַת Knowledge
4) יִדְּעֹנִי Wizard
5) מַדָּע Intelligence
6) מַדּוּעַ Why?
7) מוֹדָע Familiar friend
8) מוֹדַעַת An acquaintance

7. ילד Bring forth, bear

1) יֶלֶד Child
2) יָלִיד Born
3) יִלּוֹד Born
4) יַלְדָּה Maiden
5) יַלְדוּת Childhood
6) מוֹלֶדֶת Birth
7) תּוֹלְדוֹת Generations
8) וָלָד A Child
9) וֶלֶד A Child

8. יצא Go out

1) יָצִיא Offspring
2) מוֹצָא Exit.
3) מוֹצָאָה Outgoing
4) תּוֹצָאוֹת Gates
5) צֶאֱצָאִים Offspring
6) צֵאָה Excrement
7) צוֹאָה Excrement
8) צוֹא Filthy
9) נֹצָה Excrement

9. ישב Sit, dwell

1) שִׁיבָה Dwelling
2) מוֹשָׁב Seat
3) תּוֹשָׁב Inhabitant
4) שֶׁבֶת A Sitting

10. לקח Take

1) לֶקַח Instruction
2) מַלְקוֹחַ Booty
3) מֶלְקָחַיִם Tongs
4) מַלְקָחַיִם Snuffers.
5) מִקָּח Receiving
6) מַקָּחוֹת Merchandise

11. מות Die

1) מָוֶת Death
2) מְמוֹתִים Deaths
3) תְּמוּתָה Death

12. נשא Lift up

1) נָשִׂיא Prince
2) נְשׂוּאָה Burden
3) נְשֵׂאת Gift
4) שִׂיא Greatness
5) שְׂאֵת Elevation
6) מַשָּׂא Burden
7) מַשָּׂאָה Conflagration
8) מַשְׂאֵת Lifting up

13. נתן Give

1) נְתִינִים Devoted
2) מַתָּן Gift
3) מַתָּנָה Gift
4) מַתָּת Gift

14. עבר Pass over

1) עָבוּר Produce
2) עָבוּר Passing over
3) עֲבָרָה Ferry boat
4) עֶבְרָה Wrath
5) עֵבֶר Country beyond
6) מַעֲבָר Ford
7) מַעְבָּרָה Ford

15. עלה Go up

1) עַל Elevation
2) עַל Upon
3) עָלֶה Foliage
4) עוֹלָה Burnt offering

5) עִלִּי Upper		10) מֹעַל Lifting up	
6) עֱלִי Pestle		11) מַעֲלֶה Ascent	
7) עֲלִיָּה Upper room		12) מַעֲלָה Ascent	
8) עֶלְיוֹן High		13) תְּעָלָה Trench	
9) מַעַל Above			

16. עמד Stand

1) עֹמֶד Standing-place	3) עַמּוּד Column
1) עֶמְדָּה Station	4) מַעֲמָד Station

17. עשה Make

1) מַעֲשֶׂה Work

18. צוה Command

1) צַו Precept	3) מִצְוָה Commandment
2) צִיּוּן Pillar	4) צִי Ship

19. קום Rise, stand

1) קוֹמָה Height	6) יְקוּם Existence
2) קִים Adversary	7) מָקוֹם Place
3) קִימָה Rising up	8) תְּקוּמָה Resistance
4) קָמָה Standing	9) תְּקוֹמֵם Opposer
5) קוֹמְמִיּוּת Uprightness	

20. קרא Call

1) קֹרֵא Partridge	3) קְרִיאָה Proclamat'n
2) קָרִיא Called	4) מִקְרָא Assembly

21. ראה See

1) רָאֹה Seeing
2) רֹאֶה Seer
3) רְאִית Sight
4) רְאִי Mirror
5) רֳאִי Vision
6) מַרְאֶה Appearance
7) מַרְאָה Vision

22. שים Put

1) תְּשׂוּמֶת Deposit

23. שוב Turn

1) שׁוּבָה Return
2) שִׁיבָה Return
3) שׁוֹבָב Rebellious
4) שׁוֹבֵב Rebellious
5) מְשׁוּבָב Apostacy
6) תְּשׁוּבָה Return

24. שלח Send

1) שִׁלּוּחִים Release
2) שֶׁלַח Missile
3) שְׁלֻחוֹת Shoots
4) שֻׁלְחָן Table
5) מִשְׁלָח Sending forth, place
6) מִשְׁלוֹחַ Sending
7) מִשְׁלַחַת Mission

25. שמע Hear

1) שֵׁמַע Report
2) שֹׁמַע Fame
3) שְׁמוּעָה Rumor
4) הַשְׁמָעוּת Hearing
5) מִשְׁמָע Report
6) מִשְׁמַעַת Audience
7) שֶׁמַע Music

LIST CXXVII.

Derivatives from Verbs occurring 200–500 times.

1. אהב Love

1)	אַהֲבָה Love	3)	אֹהַב Love
2)	אֲהַב Amours		

2. אסף Gather

1)	אֹסֶף Harvest	4)	אֲסֻפִּים Stores
2)	אָסִיף Ingathering	5)	אֲסֻפּוֹת Assemblies
3)	אֲסֵפָה Assemblage	6)	אֲסַפְסֻף Rabble

3. בנה Build

1)	בֵּן Son	4)	בַּת Daughter
2)	בִּנְיָה Building	5)	מִבְנֶה Building
3)	בִּנְיָן Building	6)	תַּבְנִית Likeness

4. ברך Bless

1)	בֶּרֶךְ Knee	3)	בְּרֵכָה Pool
2)	בְּרָכָה Blessing		

5. בקש Seek

1)	בַּקָּשָׁה Petition

6. זכר Remember

1)	זֵכֶר Remembrance	4)	זָכוּר Male
3)	זֶכֶר Remembrance	5)	זִכָּרוֹן Memorial
3)	זָכָר Male	6)	אַזְכָּרָה Memorial-offering

7. חזק Be strong

1)	חָזֵק Strong	4)	חֹזֶק Strength
2)	חָזָק Firm	5)	חֶזְקָה Strong
3)	חֵזֶק Strength	6)	חָזְקָה Force

8. חטא Sin

1)	חֵטְא Sin	4)	חַטָּאָה Sinful
2)	חֲטָאָה Sin	5)	חַטָּאת Sinfulness
3)	חַטָּא Sinner		

9. חיה Live

1)	חָיֶה Lively	4)	חַיּוּת Life
2)	חַי Living	5)	מִחְיָה Sustenance
3)	חַיָּה Beast		

10. ירא Be afraid

1)	יָרֵא Fearful	3)	מוֹרָא Fear
2)	יִרְאָה Fear		

11. ירד Go down

1)	מוֹרָד Descent

12. ירש Possess

1)	יְרֵשָׁה Possession	4)	מוֹרָשׁ Possession
2)	יְרֻשָּׁה Possession	5)	מוֹרָשָׁה Possession
3)	רֶשֶׁת Net	6)	תִּירוֹשׁ New wine

13. ישע Deliver

1)	יֶשַׁע Deliverance	3)	מוֹשָׁעוֹת Deliverance(s)
2)	יְשׁוּעָה Deliverance		

14. כון Prepare

1)	כֵּן Upright, so	2)	כַּוָּן Cake

THEIR DERIVATION. 131

3)	מָכוֹן Place	4)	מְכוֹנָה Place
5)	תְּכוּנָה Place		

15. כלה Complete

1)	כָּלֶה Failing	5)	כִּלָּיוֹן Destruction
2)	כָּלָה Completion	6)	מִכְלוֹת Perfection(s)
3)	כְּלִי Vessel	7)	תִּכְלָה Completeness
4)	כְּלָיוֹת Kidneys	8)	תַּכְלִית Completeness

16. כרת Cut

1)	כְּרֻתוֹת Beams	2)	כְּרִיתוּת Separation

17. כתב Write

1)	כְּתָב Letter	3)	מִכְתָּב Edict
2)	כְּתֹבֶת Mark		

18. מלא Be full

1)	מָלֵא Full	5)	מִלּוּאָה Filling in
2)	מְלוֹא Fulness	6)	מִלֻּאִים Consecration
3)	מְלֵאָה Fulness	7)	מְלֵאת Fulness
4)	מִלּוֹא Fortress		

19. מלך Be king

1)	מֶלֶךְ King	5)	מְלוּכָה Kingdom
2)	מֹלֶךְ Moloch	6)	מַלְכוּת Kingdom
3)	מַלְכָּה Queen	7)	מַמְלָכָה Kingdom
4)	מְלֶכֶת Queen	8)	מַמְלְכוּת Kingdom

132 NOUNS ARRANGED ACCORDING TO

20. נגד Make known

1)	נֶגֶד Before	2)	נָגִיד Prince

21. נטה Stretch out

1)	מֻטֶּה Stretching	3)	מַטָּה Downwards
2)	מַטֶּה Rod	4)	מִטָּה Bed

22. נכה Smite

1)	נָכֶה Smitten	3)	מַכָּה Stroke
2)	נֵכֶה Smiter		

23. נפל Fall

1)	נֵפֶל Abortion	4)	מַפֵּלָה Ruins
2)	נָפִיל (?) Giant	5)	מַפֶּלֶת Falling, ruin
3)	מַפָּל Falling, refuse		

24. נצל Snatch, deliver

1)	הַצָּלָה Deliverance

25. סור Turn aside

1)	סוּר Rejected	3)	סָרָה Apostacy
2)	יָסוּר Apostate		

26. עבד Serve

1)	עֶבֶד Servant	4)	עֲבֹדָה Service
2)	עֲבָד Labor	5)	עַבְדוּת Servitude
3)	עֲבֹדָה Labor	6)	מַעְבָּד Work

27. ענה Answer

1)	יַעַן Because of	3)	מַעַן (with לְ) because of
2)	מַעֲנֶה Answer	4)	עֵת Season

28. פקד Visit

1)	פְּקֻדָּה	Inspection	4)	פְּקִידוּת	Oversight
2)	פִּקָּדוֹן	Deposit	5)	פִּקּוּדִים	Mandates
3)	פָּקִיד	Overseer	6)	מִפְקָד	Census

29. רבה Multiply

1)	אַרְבֶּה	Locust	4)	מַרְבִּית	Multitude
2)	אַרְבֶּה	Abundance	5)	תַּרְבּוּת	Brood
3)	מַרְבָּה	Amplitude	6)	תַּרְבִּית	Increase, interest

30. רום Be high

1)	רָמָה	Height	6)	רוֹמָם	Exaltation
2)	רָמוּת	(?) Heap	7)	רוֹמֵמוּת	Lifting up
3)	רֻם , רוּם	Height	8)	מָרוֹם	Elevation
4)	רוּם	Height	9)	תְּרוּמָה	Present
5)	רוֹמָה	Pride	10)	תְּרוּמִיָּה	Offering

31. שכב Lie down

1)	שְׁכָבָה	Lying down, emission	3)	מִשְׁכָּב	Couch
2)	שְׁכֹבֶת	Copulation			

32. שמר Keep

1)	שָׁמְרָה	Guard	5)	מִשְׁמָר	Guard
2)	שְׁמֻרוֹת	Eyelids	6)	מִשְׁמֶרֶת	Watch
3)	שִׁמֻּרִים	Observances	7)	שׁוֹמֵר	Keeper
4)	אַשְׁמוּרָה	Night-watch	8)	שֶׁמֶר	Lees

33. שפט Judge

1)	שְׁפוּט	Judgment	3)	מִשְׁפָּט	Judgment
2)	שֶׁפֶט	Judgment			

34. שתה Drink

1)	שְׁתִי	Drunkenness	3)	מִשְׁתֶּה	Banquet
2)	שְׁתִיָּה	Drinking			

LIST CXXVIII.

Derivations from Verbs occurring 100—200 times.

1. אבד Perish

1)	אֹבֵד	Annihilati'n	3)	אֲבַדּוֹן	Abyss
2)	אֲבֵדָה	Something lost	4)	אַבְדָן	Destruction

2. אמן Be firm

1)	אָמָן	Architect	6)	אֹמְנָה	Column
2)	אָמֵן	Firm	7)	אֱמוּנָה	Faithfuln'ss
3)	אָמוֹן	Architect	8)	אֲמָנָה	Fixedness
4)	אֵמוּן	Fidelity	9)	אָמְנָה	Truly
5)	אֹמֶן	Truth	10)	אָמְנָם	Certainly

3. בוש Be ashamed

1)	בּוּשָׁה	Shame	3)	מְבוּשׁ	Pudenda
2)	בֹּשֶׁת	Shame	4)	בָּשְׁנָה	Disgrace

4. בטח Trust

1)	בֶּטַח	Confidence	4)	בַּטֻּחוֹת	Security
2)	בִּטְחָה	Trust	5)	מִבְטָח	Confidence
3)	בִּטָּחוֹן	Confidence			

5. בין Perceive

1)	בַּיִן	Separation, between	3)	תָּבוּן	Insight
2)	בִּינָה	Discernment	4)	תְּבוּנָה	Understanding

6. בכה Weep

1) בֶּכֶה Weeping 3) בְּכִית Weeping
2) בָּכוּת Weeping 4) בְּכִי Weeping

7. גאל Redeem

1) גְּאֻלָּה Redemption 2) גְּאוּלִים Redemption

8. גדל Be great

1) גָּדֵל Strong 5) גְּדֻלָּה Greatness
2) גָּדוֹל Greatness 6) גָּדִיל Twisted
3) גֹּדֶל Greatness 7) מִגְדָּל Tower
4) גְּדוּלָּה Greatness

9. גור Turn, sojourn

1) גֵּיר , גֵּר Sojourner 5) מָגוּר Dwelling
2) גֵּרוּת Habitation 6) מְגוּרָה Fear
3) מָגוֹר Terror 7) מַמְּגוּרָה Storehouse
4) מְגוֹרָה Fear

10. גלה Reveal, lead captive

1) גּוֹלָה Captivity 3) גִּלָּיוֹן Tablet
2) גָּלוּת, גָּלֻת } Captivity

11. דרש Tread, seek

1) מִדְרָשׁ Commentary

11. הלל Praise, boast

1) הוֹלֵלָה Folly 4) מַהֲלָל Praise
2) הוֹלֵלוּת Folly 5) תְּהִלָּה Praise
3) הִלּוּל Rejoicing

12. הרג Kill

1) הֶרֶג Slaughter
2) הֲרֵגָה Slaughter

13. זבח Sacrifice

1) זֶבַח Sacrifice
2) מִזְבֵּחַ Altar

14. חלל Profane, begin

1) חָלִיל Profane
2) חָלָל Slain
3) חֹל Common
4) חַלָּה Cake
5) חַלּוֹן Window
6) מְחִלָּה Cave
7) תְּחִלָּה Beginning
8) חָלִיל Beginning

15. חנה Encamp

1) חָנוּת Cell
2) חֲנִית Spear
3) מַחֲנֶה Camp
4) תַּחֲנוֹת Encampment

16. חשב Impute, think

1) חֵשֶׁב Girdle
2) חֶשְׁבּוֹן Judgment
3) חִשָּׁבוֹן Device
4) מַחֲשָׁבָה Thought
5) מַחֲשֶׁבֶת Thought
6) חֹשֵׁב Weaver

17. טמא Be unclean

1) טָמֵא Unclean
2) טֻמְאָה Uncleanness
3) טָמְאָה Uncleanness

18. ידה Thank

1) יָד Hand
2) תּוֹדָה Thanksgiving
3) הֻיְּדוֹת Choirs

19. יטב Be good

1) מֵיטָב Choice part

20. יתר Be left
1) יֶתֶר Residue
2) יִתְרָה Abundance
3) יוֹתֵר Remainder
4) יֹתֶרֶת Remainder
5) יִתְרוֹן Excellence
6) מוֹתָר Excellence
7) מֵיתָר Cord
8) יֶתֶר String

21. כבד Be heavy
1) כָּבֵד Heavy
2) כָּבוֹד Glory
3) כְּבוּדָּה Splendid
4) כֹּבֶד Heaviness
5) כְּבֵדוּת Difficulty

22. כסה Conceal
1) כָּסוּי Covering
2) כְּסוּת Covering
3) כֶּסֶת Pillow
4) מִכְסֶה Covering
5) מְכַסֶּה Covering

23. כפר Cover
1) כְּפוֹר Cup, hoar frost
2) כָּפָר Village
3) כֹּפֶר Ransom
4) כִּפֻּרִים Atonement
5) כַּפֹּרֶת Cover

24. לבש Put on
1) לְבוּשׁ Garment
2) מַלְבּוּשׁ Garment
3) תִּלְבֹּשֶׁת Garment

25. לחם Devour, fight
1) לְחוּם Food
2) לֶחֶם Bread
3) מִלְחָמָה War

26. לכד Capture
1) לֶכֶד Snaring
2) מַלְכֹּדֶת Net

27. נגע Touch
1) נֶגַע Stroke

28. נסע Depart
1) מַסַּע Departure
2) מַסָּע Quarry

29. סבב Surround
1) סִבָּה Turn
2) סָבִיב Circuit
3) נְסִבָּה Course
4) מוּסַב Circuit
5) מֵסַב Circle

30. ספר Number
1) סְפָר Census
2) סֵפֶר Book
3) סִפְרָה Book
4) סְפוֹרָה Number
5) מִסְפָּר Number
6) סַפִּיר Sapphire
7) סֹפֵר Scribe

31. עזב Abandon
1) עֲזוּבָה Abandonment
2) עִזָּבוֹן Barter

32. פנה Turn about
1) פֶּן Lest
2) פָּנֶה Face

33. קבר Bury
1) קֶבֶר Grave
2) קְבוּרָה Sepulchre

34. קדש Be holy, consecrate
1) קָדוֹשׁ Consecrated
2) קֹדֶשׁ Holiness
3) קָדֵשׁ Consecrated
4) מִקְדָּשׁ Sanctuary

35. קרב Draw near
1) קָרֵב Drawing near
2) קָרוֹב Near

3) קָרְבָּן Offering — 5) קִרְבָה Approach
4) קְרָב Battle

36. רדף Pursue
1) מֻרְדָּף Persecution

37. רוץ Run
1) מֵרוֹץ Running — 2) מְרוּצָה Running

38. רעה Feed
1) רֵעַ Friend — 7) רַעְיָה Female friend
2) רֵעֶה Companion — 8) רַעְיוֹן Desire
3) רֵעָה Companion — 9) מֵרֵעַ Friend
4) רְעוּת Friend, striving — 10) מִרְעֶה Pasture
5) רְעִי Pasture — 11) מַרְעִית Pasture
6) רֹעִי Shepherd

39. שנא Hate
1) שִׂנְאָה Hatred — 2) שָׂנִיא Hated

40. שרף Burn
1) שָׂרָף Flaming — 3) מִשְׂרָפָה Burning
2) שְׂרֵפָה Conflagration

41. שאל Ask
1) שְׁאֵלָה Request — 3) מִשְׁאָלָה Request
2) שֵׁלָה Request

42. שבע Swear
1) שְׁבוּעָה Oath

43. שבר Break in pieces

1) שֶׁבֶר Break — 3) מַשְׁבֵּר Matrix

2) שִׁבָּרוֹן Destruction — 4) מִשְׁבָּר Breakers

44. שחה Do obeisance

1) שְׁחוּת Pit — 2) שְׁחִית Pit

45. שחת Corrupt

1) מַשְׁחִית Destruction — 3) מִשְׁחָת Destruction

2) מִשְׁחַת Disfigurement — 4) מָשְׁחָת Blemish

46. שלך Cast, send

1) שָׁלָךְ Pelican — 2) שַׁלֶּכֶת Casting down

47. שלם Be whole

1) שָׁלֵם Whole — 5) שִׁלּוּם Requital

2) שָׁלוֹם Peace — 6) שִׁלְמָה Retribution

3) שֶׁלֶם Peace, thanksgiving — 7) שַׁלְמֹנִים Bribes

4) שִׁלֵּם Recompense

48. שרת Minister

1) שָׁרֵת Service — 2) מְשָׁרֵת Servant

LIST CXXIX.

Derivatives from Verbs occurring 50–100 times.

1. אחז Seize, hold

1) אֲחֻזָּה Property

2. אסר Bind
   1) אָסוּר Fetter
   2) אָסִיר Prisoner
   3) אִסָּר Restraint, vow
   4) מוֹסֵר Band
   5) מָסֹרֶת Band
   6) אַסִּיר Captive

3. ארר Curse
   1) מְאֵרָה Curse

4. בחר Choose
   1) בָּחִיר Chosen
   2) בָּחוּר Mature
   3) בְּחוּרִים Youth
   4) מִבְחָר The best
   5) מִבְחוֹר Choice

5. בלע Swallow
   1) בֶּלַע Destruction

6. בער Consume
   1) בְּעִיר Cattle
   2) בַּעַר Brutishness
   3) בְּעֵרָה Burning

7. בקע Cleave
   1) בָּקִיעַ Fissure
   2) בֶּקַע Half-shekel
   3) בִּקְעָה Valley

8. ברא Create, cut
   1) בְּרִיאָה Creation
   2) בָּרִיא Fatling

9. ברח Flee
   1) בָּרִיחַ Fugitive
   2) בְּרִיחַ Bar
   3) מִבְרָח Flight

10. דבק Adhere
    1) דָּבֵק Adhering
    2) דֶּבֶק Soldering

11. הפך Turn, overthrow

1)	הֵפֶךְ	The contrary	5)	מַהְפֵּכָה	Overthrow
2)	הֹפֶךְ	Perverse-ness	6)	מַהְפֶּכֶת	Twisting, stocks
3)	הֲפֵכָה	Overthrow	7)	תַּהְפּוּכָה	Perverseness
4)	הֲפַכְפַּךְ	Perverse			

12. זור Sojourn

1)	מוּזָר	Alienated	2)	מָזוֹר	Healing, hurt

13. זנה Commit fornication

1)	זְנוּן	Whoredom	3)	תַּזְנוּת	Idolatry
2)	זְנוּת	Idolatry			

14. זרע Sow

1)	זְרוֹעַ	Arm	4)	אֶזְרוֹעַ	Arm
2)	זֵרוּעַ	Seed	5)	מִזְרָע	Seed-land
3)	זֵרֹעִים	Vegetables	6)	זֶרַע	Seed

15. חדל Cease

1)	חָדֵל	Forsaken	2)	חֶדֶל	Resting-place

16. חול Be gained, bring forth, wait

1)	חוֹל	Sand	4)	מְחוֹלָה	Dance
2)	חַלְחָלָה	Anguish	5)	חִיל	Pang
3)	מָחוֹל	Dance	6)	חַיִל	Strength

17. חלה Be sick

1)	חֳלִי	Sickness	3)	מַחֲלָה	Disease
2)	מַחֲלֶה	Sickness	4)	מַחֲלוּיִ	Diseases

18. חלק Divide

1)	חָלָק	Bare	5)	חֲלֻקָּה	Division
2)	חֵלֶק	Portion	6)	חֲלַקּוֹת	Division
3)	חֲלֶק	Smooth	7)	חֲלַקְלַקּוֹת	Flatterers
4)	חֶלְקָה	Flattery	8)	מַחֲלֹקֶת	Division

19. חנן Be gracious

1)	חֵן	Favor	5)	חֲנִינָה	Favor
2)	חִין	Grace	6)	חִנָּם	Gratuitously
3)	חַנָּה	Mercy	7)	תְּחִנָּה	Favor
4)	חַנּוּן	Gracious	8)	תַּחֲנוּנִים	Supplication

20. חפץ Delight

1)	חָפֵץ	Delighting in	2)	חֵפֶץ	Desire

21. חרה Be angry

1)	חָרוֹן	Anger	3)	תַּחְרָא	(?) Coat of mail
2)	חֳרִי	Heat			

22. חרש Plow, engrave, be silent

1)	חָרָשׁ	Workman	6)	חָרִישׁ	Ploughing
2)	חֶרֶשׁ	Trade	7)	חֲרִישִׁי	Sultry
3)	חֹרֵשׁ	Artificer	8)	מַחֲרֵשָׁה	Ploughshare
4)	חֵרֵשׁ	Tool	9)	מַחֲרֶשֶׁת	Coulter
5)	חֲרֹשֶׁת	Skilled work			

23. חתת Be dismayed

1)	חַת	Fear	4)	מְחִתָּה	Tenor
2)	חִתָּה	Terror	5)	חֲתַת	Dismay
3)	חִתִּית	Terror	6)	חַתְחַת	Terror

24. טהר Be clean

1)	טָהוֹר Pure	3)	טְהֹר Cleanness
2)	טֹהַר Brightness	4)	טָהֳרָה Purity, purification

25. יבשׁ Be dry

1)	יָבֵשׁ Dry	2)	יַבָּשָׁה Dry land

26. יכח Reprove

1)	תּוֹכֵחָה Chastisement	2)	תּוֹכַחַת Chastisement

27. יעץ Give counsel

1)	עֵצָה Counsel	2)	מוֹעֵצָה Counsel

28. יצק Pour out

1)	יְצֻקָה Casting	3)	מוּצָקָה Tube
2)	מוּצָק Casting	4)	מוּצֶקֶת Casting

29. יצר Form

1)	יוֹצֵר Former	3)	יְצֻרִים Smelting
2)	יֵצֶר Thought		

30. ירה Cast, instruct

1)	יוֹרֶה Early rain	3)	תּוֹרָה Instruction
2)	מוֹרֶה Early rain	4)	מוֹרֶה Teacher

31. כעס Provoke

1)	כַּעַס Vexation

32. כשל Stumble

1)	כַּשִּׁיל Axe	3)	מִכְשׁוֹל Stumbling-block
2)	כִּשָּׁלוֹן Ruin	4)	מַכְשֵׁלָה Stumbling-block

33. לוּן Lodge
   1) מָלוֹן Lodging-place
   2) מְלוּנָה Hut

34. לָמַד Learn
   1) לִמוּד Practiced
   2) מַלְמָד Goal
   3) תַּלְמִיד Learner

35. מָדַד Measure
   1) מַד Garment
   2) מִדָּה Extension
   3) מֵמַד Measures

36. מָהַר Hasten
   1) מָהִיר Prompt
   2) מֹהַר Purchase money
   3) מְהֵרָה Haste
   4) מַהֵר Speedily

37. מָכַר Sell
   1) מֶכֶר Price
   2) מִמְכָּר Sale
   3) מִמְכֶּרֶת Selling

38. מָשַׁח Anoint
   1) מָשִׁיחַ Anointed
   2) מִשְׁחָה Anointing
   3) מָשְׁחָה Portion
   4) מִמְשַׁח Extension

39. מָשַׁל Rule, make like
   1) מָשָׁל Proverb
   2) מְשֹׁל Satire
   3) מִמְשָׁל Dominion
   4) מֶמְשָׁלָה Dominion
   5) מֹשֶׁל Rule

40. נָבַט Look, regard
   1) מַבָּט Outlook, expectation

41. נדח Drive away

1) מַדּוּחִים Seduction

42. נוח Rest

1)	נוֹחַ	Rest	4)	מָנוֹחַ	Rest
2)	נַחַת	Quietness	5)	נִיחוֹחַ	Pleasantn'ss
3)	הֲנָחָה	Permission	6)	מְנוּחָה	Quietness

43. נחל Inherit

1)	נַחֲלָה	Inheritance	2)	נַחֲלָת	Heritage

44. נטע Plant

1)	נְטִיעַ	Plant	3)	מַטָּע	Planting
2)	נֶטַע	Plant			

45. נכר Know, be ignorant

1)	נֵכָר	Strangeness	4)	הַכָּרָה	Discerning
2)	נֶכֶר	Calamity	5)	מַכָּר	Acquaintance
3)	נָכְרִי	Strange			

46. נצב Set

1)	נְצִיב	Overseer	5)	מַצָּבָה	Military post
2)	נִצָּב	Officer	6)	מִצָּבָה	Garrison
3)	מַצָּב	Garrison	7)	מַצֵּבָה	Pillar
4)	מֻצָּב	Military post	8)	מַצֶּבֶת	Monument

47. נצח Be preëminent

1) נֶצַח Eternity

48. נצר Keep, watch

1) נְצוּרָה Guard

49. סגר Shut

1) סְגוֹר Pericardium		4) מַסְגֵּר Prison	
2) סוֹגַר Den		5) מִסְגֶּרֶת Stronghold	
3) סַגְרִיר Heavy rain			

50. סתר Conceal

1) סֵתֶר Covering	4) מִסְתּוֹר Refuge
2) סִתְרָה Covering	5) מַסְתֵּר Averting
3) מִסְתָּר Hiding-place	

51. עור Awake

1) עִיר City, watching	2) עָר City

52. עזר Assist

1) עֵזֶר Help	3) עֲזָרָה Enclosure
2) עֶזְרָה Aid	

53. ענה Be afflicted

1) עָנָו Poor	6) עֳנִי Affliction
2) עֲנָוָה Humility	7) עִנְיָן Work
3) עַנְוָה Meekness	8) מַעֲנָה Furrow
4) עֱנוּת Affliction	9) מַעֲנִית Furrow
5) עָנִי Afflicted	10) תַּעֲנִית Humiliation, fasting

54. ערך Arrange

1) עֵרֶךְ Row	3) מַעֲרָכָה Arrangement
2) מַעֲרָךְ Arrangement	4) מַעֲרֶכֶת Row

55. פדה Redeem

1) פְּדוּת Redemption	2) פִּדְיוֹם Ransom

56. פוץ Scatter
1) מֵפִיץ Hammer 2) תְּפוֹצָה Dispersion

57. פלא Separate, be wonderful
1) פֶּלֶא Wonder 4) מִפְלָאָה Wonder, miracle
2) פְּלִיאָה Wonderful

58. פלל Pray
1) פָּלִיל Judge 3) פְּלִילִי Judgment, judicial
2) פְּלִילָה Judgment 4) תְּפִלָּה Prayer

59. פעל Do, make
1) פֹּעַל Work 3) מִפְעָל Work
2) פְּעֻלָּה Deed 4) מִפְעָלָה Work

60. פרש Spread out
1) מִפְרָשׂ Expansion

61. צעק Cry out
1) צְעָקָה Cry

62. צפה Watch, cover
1) צִפּוּי Covering 4) צֶפֶת Capital (of a column)
2) צְפִיָּה Watch-tower 5) מִצְפֶּה Watch-tower
3) צָפִית Guard

63. צרר Distress
1) צַר Affliction, adversary 3) צְרוֹר Bundle
2) צָרָה Affliction 4) מֵצַר Distress

64. קלל Be light
1) קַל Light
2) קָלָל Smooth
3) קְלָלָה Curse
4) קְלֹקֵל Mean
5) קִיקָלוֹן Shame

65. קנה Get, obtain
1) קִנְיָן Possession, wealth
2) מִקְנֶה Property
3) מִקְנָה Possession
4) קָנֶה Reed

66. קרע Rend
1) קֶרַע Rending

67. רחם Have mercy
1) רָחָם Vulture
2) רַחֲמָה Maiden
3) רַחוּם Compassionate
4) רֶחֶם Womb
5) רַחֲמָה Maiden
6) רַחֲמִים Bowels
7) רַחְמָנִי Compassionate

68. רחץ Wash
1) רַחַץ Washing
2) רַחְצָה Washing-place

69. רחק Be far off
1) רָחֵק Departing
2) רָחוֹק Distant
3) מֶרְחָק Remoteness

70. ריב Strive
1) רִיב Strife
2) יָרִיב Adversary
3) מְרִיבָה Strife

71. רכב Ride

1) רֶכֶב Chariot
2) רְכוּב Chariot
3) רַכָּב Horseman
4) רִכְבָּה Riding
5) מֶרְכָּב Chariot
6) מֶרְכָּבָה Chariot

72. רנן Sing, cry aloud

1) רֹן Shouting
2) רְנָנָה Shout
3) רִנָּה Shouting
4) רַנֵּן Joyous
5) רְנִים Female ostriches

73. רעע Be evil

1) רַע Evil
2) רָעָה Wickedness
3) רֹעַ Wickedness

74. רפא Heal

1) רִפְאוּת Healing
2) רְפוּאָה Medicine
3) מַרְפֵּא Health

75. רצה Be pleased

1) רָצוֹן Delight

76. שבע Suffice

1) שָׂבֵעַ Satiated
2) שָׂבָע Satiety
3) שֹׂבַע Satiety
4) שָׂבְעָה Satiety

77. שכל Act wisely, proper

1) שֵׂכֶל Prudence
2) שִׂכְלוּת Folly
3) מַשְׂכִּיל Poem

78. שבת Cease, rest

1) שֶׁבֶת Cessation
2) שַׁבָּת Sabbath
3) שַׁבָּתוֹן Sabbath-[keeping, great Sabbath
4) מִשְׁבָּת (Rest), destruction

THEIR DERIVATION. 151

79. שׁדד Destroy
   1) שֹׁד Destruction
   2) שְׁדָּה Wife
   3) שַׁדַּי (?) Mighty

80. שחט Kill
   1) שְׁחִיטָה Slaughter

81. שׁיר Sing
   1) שִׁיר Song
   2) שִׁירָה Song

82. שׁית Put
   1) שַׁיִת Thorn
   2) שִׁית Dress
   3) שֵׁת Pillar

84. שׁמם Be astonished, desolate
   1) שָׁמֵם Desolate
   2) שִׁמָּמָה Desolation
   3) שְׁמָמָה Desolation
   4) שַׁמָּה Desolation
   5) שִׁמָּמוֹן Astonish-[ment
   6) מְשַׁמָּה Desolation
   7) שְׁמֵמָה Desolation

85. שׁקה Drink
   1) שֹׁקֶת Drinking trough
   2) שִׁקּוּי Drink
   3) מַשְׁקֶה Cup-bearer, well-watered

86. תמם Finish
   1) תָּמִים Perfect
   2) תָּם Sincere
   3) תֹּם Completeness
   4) תֻּמָּה Integrity
   5) מְתֹם Completeness

87. תקע Strike, blow
   1) תָּקוֹעַ Trumpet
   2) תֵּקַע Blowing

LIST CXXX.

Derivatives from Verbs occurring 25–50 times.

1. אבל To Mourn

1)	אָבֵל Mourning	2)	אֵבֶל Mourning

2. אוה Long for

1)	אַו Appetite	4)	מַאֲוַיִּים Desires
2)	אַוָּה Longing	5)	תַּאֲוָה Longing
3)	אִי Coast-land		

3. אור Shine

1)	אוֹר Light	4)	אוֹרוֹת Green herbs
2)	אוּר Light	5)	מָאוֹר Luminary
3)	אוֹרָה Light	6)	מְאוּרָה Hole

4. אזן Listen

4)	אֹזֶן Ear	2)	אָזֵן Utensil

5. אמץ Be firm

1)	אָמֹץ Active	4)	אַמִּיץ Strong
2)	אֹמֶץ Strength	5)	מַאֲמַצִּים Powers
3)	אַמְצָה Protection		

6. אפה Bake

1)	מַאֲפֶה Something baked

7. ארב Lie in ambush

1)	אֶרֶב Ambush	4)	אֲרֻבָּה Net-work
2)	אֹרֶב Plot	5)	מַאֲרָב Place of ambush
3)	אָרְבָּה Ambuscade		

8. ארך Be long

1) אָרֵךְ Long, tardy 3) אֹרֶךְ Length

2) אָרֹךְ Long 4) אֲרוּכָה Bandage

9. אשם Be guilty

1) אָשָׁם Guilt, trespass-offering 3) אַשְׁמָה Trespassing

2) אָשֵׁם Guilty

10. בגד Act treacherously

1) בֶּגֶד A garment 3) בָּגוֹד Treacherous

2) בֹּגְדוֹת Treacheries

11. בדל Divide

1) בְּדִיל Alloy 3) בָּדָל Piece

2) מִבְדָּלוֹת Separations

12. בהל Be terrified

1) בֶּהָלָה Terror

13. בזה Despise

1) בָּזֹה Despised 2) בִּזָּיוֹן Contempt

14. בזז Plunder

1) בַּז Booty 2) בִּזָּה Booty

15. בחן Try

1) בָּחוֹן Assayer 4) בֹּחַן Tower

2) בַּחוּן Watch-tower 5) בֹּחַן Trial

3) בַּחִין Watch-tower

16. בלל Mix, confound

1)	בְּלִיל	Mixed provender	3)	תְּבַלּוּל	Stained
2)	תֶּבֶל	Pollution	4)	שַׁבְּלוּל	Snail

17. בצר Cut off, fortify

1)	בֶּצֶר	Precious metal	4)	בַּצֹּרֶת	Drought
2)	בָּצְרָה	Sheepfold	5)	בָּצִיר	Vintage
3)	בִּצָּרוֹן	Fortress	6)	מִבְצָר	Fortification

18. בשל Boil

1)	בָּשֵׁל	Boiled	2)	מְבַשְּׁלוֹת	Boilers

19. גבה Be high, exalted

1)	גָּבָהּ	High	3)	גֹּבַהּ	Height
2)	גָּבֹהַּ	High, proud	4)	גַּבְהוּת	Haughtiness

20. גזל Tear away, plunder

1)	גָּזֵל	Robbery	3)	גְּזֵלָה	Spoil
2)	גֶּזֶל	Robbery			

21. גיל Exult

1)	גִּיל	Circle, exultation	2)	גִּילָה	exultation

22. גמל Deal well or ill with

1)	גְּמוּל	Desert	3)	תַּגְמוּל	Benefit
2)	גְּמוּלָה	Desert			

23. גנב Steal

1)	גַּנָּב	Thief	2)	גְּנֵבָה	Theft

24. גרש Drive out
1) גֶּרֶשׁ Produce 3) מִגְרָשׁ Pasture
2) גְּרֻשָׁה Expulsion

25. דמה Be like, perish
1) דְּמוּת Likeness 3) דְּמִי Stillness
2) דִּמְיוֹן Likeness 4) דֳּמִי Stillness

26. דמם Be silent
1) דֻּמָּה Desolation 2) דְּמָמָה Silence

27. הגה Meditate
1) הֶגֶה Muttering 3) הִגָּיוֹן Murmur
2) הָגוּת Meditation

28. המה Make a noise
1) הָם Wealth 3) הֶמְיָה Sound
2) הָמוֹן Noise, multitude

29. הרה Conceive
1) הָרֶה Pregnant 3) הָרִי Conception
2) הֵרוֹן Conception 4) הֵרָיוֹן Conception

30. הרס Break, tear down
1) הֲרִיסָה A ruin 2) הֲרִיסוּת Tearing down

31. זוב Flow
1) זוֹב Flowing

32. זמר Sing, chant
1) זִמְרָה Song 3) זָמִיר Song of praise
2) זִמְרָת Song 4) מִזְמוֹר Psalm

33. זקן Be old
1) זָקֵן Old man
2) זֹקֶן Old age
3) זִקְנָה Old age
4) זְקֻנִים Old age

34. זרה Scatter, winnow
1) זֶרֶת Span
2) מִזְרֶה Winnowing fork
3) מְזָרִים North winds

35. זרק Sprinkle, strew
1) מִזְרָק Bowl

36. חבא Hide
1) מַחֲבֵא Hiding-place
2) מַחֲבֹא Hiding-place

37. חבר Join, associate
1) חַבָּר Associate
2) חָבֵר Associate
3) חֶבֶר Society
4) חֲבַרְבֻּרוֹת Stripes
5) חֶבְרָה Society
6) חֲבֶרֶת Wife
7) חֹבֶרֶת A joining
8) מַחְבֶּרֶת Junction
9) מְחַבְּרוֹת Beams

38. חבש Bind, gird
1) חֹבֵשׁ Healer

39. חגר Gird
1) חֲגוֹר Girdle
2) חֲגוֹרָה Apron
3) חָגוֹר Girded
4) מַחֲגֹרֶת Girdle

40. חכם Be wise, act wisely
1) חָכָם Wise
2) חָכְמָה Wisdom
3) חָכְמוֹת Wisdom

41. חלם Dream
- 1) חֲלוֹם Dream
- 2) חַלָּמוּת Something insipid
- 3) אַחְלָמָה A kind of germ

42. חלף Pass on, change
- 1) חֵלֶף Exchange
- 2) חֲלוּף What survives
- 3) חֲלִיפָה Change
- 4) מַחֲלָף Slaughter-knife
- 5) מַחְלָפוֹת Braids

43. חלץ Draw out
- 1) חָלָץ Loin
- 2) חֲלִיצָה Spoil
- 3) מַחֲלָצוֹת Costly garments

44. חמל Pity, spare
- 1) חֶמְלָה Pity
- 2) מַחְמָל Object of love

45. חסה Trust
- 1) חָסוּת Refuge
- 2) מַחֲסֶה Refuge

46. חצב Hew, dig
- 1) מַחְצֵב A hewing

47. חקר Search
- 1) חֵקֶר Searching out
- 2) מֶחְקָר Inmost depth

48. חרב Be dried up, be waste
- 1) חָרֵב Desolate
- 2) חֶרֶב Sword
- 3) חֹרֶב Drought, dryness
- 4) חָרְבָּה Desolation,
- 5) חָרָבָה Dry land
- 6) חֵרָבוֹן Dryness

49. חרד Tremble

1) חָרֵד Trembling 2) חֲרָדָה Terror

50. חרף Upbraid

1) חֹרֶף Autumn 2) חֶרְפָּה Reproach

51. חתם Seal

1) חוֹתָם Signet ring 2) חֹתֶמֶת Signet

52. טוב Be good

1) טוֹב Good 3) טוֹבָה Welfare

2) טוּב Goodness

53. טמן Secrete

1) מַטְמוֹן Hidden treasure

54. טרף Tear off, tear in pieces

1) טָרָף Fresh 3) טְרֵפָה What is torn

2) טֶרֶף Green leaf, prey

55. יגע Labor, be weary

1) יָגָע Earning 4) יְגִיעַ Toil, gain

2) יָגֵעַ Exhausted 5) יְגִיעָה Weariness

3) יָגִיעַ Wearied

56. יהב Give

1) יְהָב Burden 2) הַבְהָבִים (?) Gifts

57. יחל Wait

1) יָחִיל Waiting 2) תּוֹחֶלֶת Expectation

58. ילל Howl, wail

1) יְלֵל Yelling 3) תּוֹלָל Tormentor

2) יְלָלָה Wailing

59. ינק Suck, give suck

1)	יְנִיקָה	Sprout	2)	יוֹנֵק	Suckling

60. יסד Found, establish

1)	יְסֻד	Beginning	5)	מוּסָד	Foundation
2)	יְסוֹד	Foundation	6)	מוּסָדָה	Appointment
3)	יְסוּדָה	Foundation	7)	מַסַּד	Foundation
4)	מוֹסָד	Foundation	8)	סוֹד	Assembly, intimacy

61. יסר Chastise

1)	יִסּוֹר	Correction	3)	מֹסָר	Admonition
2)	מוּסָר	Correction			

62. ישר Be straight, be right

1)	יָשָׁר	Straight	4)	יְשֻׁרוּן	Jeshurun(?)
2)	יֹשֶׁר	Rightness	5)	מִישׁוֹר	Straightness, plain
3)	יְשָׁרָה	Uprightness	6)	מֵישָׁר	Straightness

68. כלם Be ashamed

1)	כְּלִמָּה	Shame	2)	כְּלִמּוּת	Shame

64. כנע Be brought low, humble

1)	כִּנְעָה	Bundle

65. כרע Bend the knee

1)	כְּרָעַיִם	Legs

66. לוץ Scorn

1)	לָצוֹן	Mocking	2)	מְלִיצָה	Enigma

67. לקט Gather
   1) לֶקֶט Gleaning   1) יַלְקוּט Scrip

68. מאן Refuse
   1) מָאֵן Unwilling   2) מֵאֵן Refractory

69. מוט Move, totter
   1) מוֹט A tottering, pole   2) מוֹטָה Yoke

70. מול Circumcise
   1) מוּלָה Circumcision

71. מחה Wipe off, decay
   1) מְחִי Stroke

72. מנה Divide, allot to
   1) מָנָה Portion   3) מְנִי Fortune
   2) מֹנִים Times   4) מְנָת Portion

73. מעל Act covertly
   1) מַעַל Treachery   2) מְעִיל Upper garment

74. מרה Rebel
   1) מוֹרָה A razor   2) מְרִי Rebelliousness

75. משך Drag, pull
   1) מֶשֶׁךְ A drawing   2) מוֹשְׁכוֹת Cords

76. נאף Commit adultery
   1) נִאֻפִים Adulteries   2) נַאֲפוּפִים Adulteries

77. נאץ Despise
   1) נְאָצָה Reproach   2) נֶאָצָה Reproach, blasphemy

THEIR DERIVATION. 161

78. נגף Smite
- 1) נֶגֶף Plague, stumbling
- 2) מַגֵּפָה Plague, slaughter

79. נדר Vow
- 1) נֶדֶר Vow

80. נהג Lead, drive
- 1) מִנְהָג Driving

81. נוע Move, nod
- 1) מְנַעַנְעִים Musical instrument

82. נוף Shake, wave, sift
- 1) נוֹף Elevation
- 2) נָפָה Height
- 3) נֶפֶת High place
- 4) נֹפֶת Dropping
- 5) תְּנוּפָה A warning

83. נטש Spread out
- 1) נְטִישׁוֹת Tendrils

84. נסה Try, prove
- 1) מַסָּה Temptation, trial

85. נסך Pour out, anoint
- 1) נֶסֶךְ Libation, molten image
- 2) נָסִיךְ Libation, one anointed
- 3) מַסֵּכָה A molten image

86. נקב Perforate, separate
- 1) נֶקֶב Bezel or pipe
- 2) נְקֵבָה Female
- 3) מַקָּבָה Hammer
- 4) מַקֶּבֶת Hammer, quarry

87. נקה Be pure, innocent
1) נָקִי Innocent
2) נָקִיא Innocent
3) נִקָּיוֹן Cleanness
4) מְנַקִּית Sacrificial bowl

88. נקם Avenge
1) נָקָם Vengeance
2) נְקָמָה Vengeance

89. נשק Kiss
1) נְשִׁיקָה Kiss

90. נתק Tear
1) נֶתֶק Scale, scab
2) אַתּוּק Terrace
3) אַתִּיק Terrace

91. סלח Forgive
1) סַלָּח Forgiving
2) סְלִיחָה Forgiveness

92. סמך Sustain
1) שְׂמִיכָה Carpet

93. ספד Mourn
1) מִסְפֵּד Lamentation

94. עוד Testify
1) עֵד Witness
2) עֵדָה Testimony
3) עֵדוּת Precept
4) תְּעוּדָה Precept
5) עוֹד Repetition

95. עוף Fly
1) עוֹף Fowl
2) עַפְעַפִּים Eye-lashes
3) עֵיפָה Darkness
4) מוּעָף Darkness
5) מָעוּף Darkness

96. עצר Restrain

1) עֶצֶר Riches
2) עֹצֶר Constraint
3) עֲצָרָה Assembly
4) מַעְצוֹר Restraint
5) מַעְצָר Restraint

97. ערב Mix, pledge

1) עָרֵב Sweet
2) עָרֹב Gadfly
3) עֶרֶב Mixed multitude
4) עֲרֻבָּה Security
5) עֵרָבוֹן Earnest
6) מַעֲרָב Barter
7) תַּעֲרוּבָה Suretyship

98. עשק Oppress

1) עָשׁוֹק Oppressor
2) עֲשׁוּקִים Oppressions
3) עֹשֶׁק Violence
4) עָשְׁקָה Distress
5) מַעֲשַׁקּוֹת Exactions

99. פגע Meet, smite

1) פֶּגַע Incident
2) מִפְגָּע Attack

100. פחד Fear, tremble

1) פַּחַד Terror
2) פַּחְדָּה Fear

101. פלט Escape

1) פָּלֵט Escaped
2) פַּלֵּט Deliverance
3) פָּלִיט Escaped
4) פְּלֵיטָה Deliverance, escaped
5) מִפְלָט Escape

102. פרד Separate

1) פֶּרֶד Mule
2) פִּרְדָּה She-mule
3) פְּרֻדוֹת Kernels

103. פרה Be fruitful
   1) פְּרִי Fruit
   2) פַּר Bullock

104. פרח Sprout, flourish
   1) פֶּרַח Blossom
   2) פִּרְחָה Progeny
   3) אֶפְרֹחַ Brood

105. פרץ Break, spread
   1) פֶּרֶץ Breach
   2) פָּרִיץ Tyrant
   3) מִפְרָץ Harbor

106. פשע Transgress
   1) פֶּשַׁע Transgression

107. צדק Be righteous
   1) צֶדֶק Straightness, righteousness
   2) צְדָקָה Righteousness
   3) צַדִּיק Righteous

108. צור Bind, press, besiege
   1) צוּר Rock
   2) צוּרָה Form
   3) צִיר Form, idol
   4) מָצוֹר Distress
   5) מְצוּרָה Fortress
   6) צַוָּאר Neck

109. צמח Sprout
   1) צֶמַח Sprout

110. צפן Conceal
   1) צָפוֹן North
   2) צְפוֹנִי Northern
   3) מַצְפֻּנִים Hidden places

111. צרף Refine, try
   1) מַצְרֵף Crucible

112. קָדַם Be before, precede
1) קֶדֶם East
2) קָדְמָה Beginning
3) קֵדְמָה Eastward
4) קַדְמוֹן Eastern
5) קַדְמֹנִי Eastern, ancient
6) קְדוּמִים Ancient
7) קָדִים East
8) קַרְדֹּם Axe (?)

113. קָהַל Congregate, assemble
1) קָהָל Assembly
2) קְהִלָּה Assembly
3) קֹהֶלֶת Preacher
4) מַקְהֵלִים Assemblies

114. קָוָה Wait, expect, be collected
1) קָוֶה Rope
2) קַו Cord
3) מִקְוֶה Expectation, collection
4) מִקְוָה Reservoir
5) תִּקְוָה Expectation

115. קָנָא Be jealous
1) קַנָּא Jealous
2) קִנְאָה Jealousy
3) קַנּוֹא Jealous

116. קָצַף Be wroth, angry
1) קֶצֶף Anger, twig
2) קְצָפָה Fragment

117. קָצַר Be short
1) קָצֵר Short
2) קֹצֶר Shortness
3) קָצִיר Harvest

118. קָרָה Meet, happen
1) קָרָה Hap
2) קוֹרָה Beam
3) קְרִי Encounter
4) קִרְיָה City
5) קֶרֶת City
6) מִקְרֶה Chance, lot
7) מְקָרֶה Frame-work

119. קשב Be attentive, listen

1)	קֶשֶׁב	Attention	3)	קַשֻּׁב	Attentive
2)	קַשָּׁב	Attentive			

120. קשה Be hard

1)	קָשֶׁה	Hard, heavy	2)	קְשִׁי	Hardness

121. קשר Bind, conspire

1)	קֶשֶׁר	Conspiracy	2)	קִשֻּׁרִים	Girdles

122. רבץ Lie down

1)	רֵבֶץ	Resting-place	2)	מַרְבֵּץ	Lair

123. רגז Stir, be agitated

1)	רַגָּז	Trembling	3)	רָגְזָה	Trembling
2)	רֹגֶז	Commotion	4)	אַרְגָּז	Box

124. רגל Slander

1)	רֶגֶל	Foot	3)	רֹגֵל	Fuller
2)	רַגְלִי	Footman	4)	מַרְגְּלוֹת	At the feet

125. רוע Shout

1)	רֵעַ	Shout	2)	תְּרוּעָה	Shout, alarm

126. רוש Be poor

1)	רִישׁ	Poverty	2)	רֵישׁ	Poverty

127. רחב Be wide, large

1)	רָחָב	Wide	4)	רְחֹב	Street, market-place
2)	רַחַב	Breadth	5)	מֶרְחָב	Wide place
3)	רֹחַב	Breadth			

128. רעש Shake
   1) רַעַשׁ Trembling, noise

129. רפה Be feeble, faint
   1) רָפֶה Slack, feeble
   2) רִפְיוֹן Slackness

130. רצח Kill, murder
   1) רֶצַח Crushing, outcry

131. רשע Be wicked
   1) רָשָׁע Wicked,
   2) רֶשַׁע Unrighteousness
   3) רִשְׁעָה Injustice
   4) מִרְשַׁעַת Wickedness

132. שוש Leap, exult
   1) שָׂשׂוֹן Gladness
   2) מָשׂוֹשׂ Joy

133. שחק Laugh, be merry
   1) שְׂחֹק Laughter,
   2) מִשְׂחָק Derision

134. שבה Capture
   1) שְׁבוּת Captivity
   2) שְׁבִי Captivity
   3) שִׁבְיָה Captivity
   4) שְׁבִית Captivity

135. שטף Rush, overthrow
   1) שֶׁטֶף Outpouring, flood

136. שפל Be low, become low
   1) שָׁפָל Low
   2) שֵׁפֶל Lowness
   3) שִׁפְלָה Lowness
   4) שְׁפֵלָה Low country
   5) שִׁפְלוּת A letting down

137. שקט Be quiet
   1) שֶׁקֶט Rest

138. תלה Hang
   1) תְּלִי Quiver

139. תעה Wander
   1) תּוֹעָה Impiety, damage

*IX. Some Important Hebrew Idioms.**

LIST CXXXI.

The Hebrew Phrases.

1. Idiomatic expressions for the number of Nouns, § 3:

1) בֵּית אָבוֹת
2) בֵּית עֲצַבֵּיהֶם

2. Idiomatic expressions for the determination of Nouns, §§ 4, 5:

1) הַלְּבָנוֹן
2) הַסֹּבֵב
3) כֹּל הַדּוֹר
4) כָּל־בְּכוֹר
5) בֶּן־הַיְמִינִי
6) אִישׁ אֶחָד

3. Idiomatic expressions for Apposition, § 6:

1) אֲמָרִים אֱמֶת
2) שְׁנָתַיִם יָמִים
3) גְּבֹהָה גְבֹהָה
4) בֶּאֱרֹת בֶּאֱרֹת

4. Idiomatic expressions for the Construct Relation, §§ 8, 9:

1) לַחְמָם לְנַפְשָׁם
2) עֶצֶם הַיּוֹם הַזֶּה
3) אַל־מָוֶת
4) יְמֵי הִתְהַלַּכְנוּ אִתָּם
5) מְקוֹם קָדוֹשׁ
6) אֵשֶׁת רַע
7) דְּמֵי חִנָּם
8) אֱלֹהֵי מִקָּרֹב
9) בַּעַל הַחֲלֹמוֹת
10) בֶּן־חֲמֵשׁ מֵאוֹת שָׁנָה
11) בֵּיתָה יוֹסֵף
12) חוֹסֵי בוֹ
13) בְּנֵי דָוִד וּבְנוֹתָיו

5. Idiomatic uses of the Adjective, § 10:

1) קְדֹשׁ הֵיכָלֶךָ
2) מָתוֹק מִדְּבַשׁ
3) וַיֶּאֱהַב אֶת־רָחֵל מִלֵּאָה
4) הַיָּפָה בַּנָּשִׁים

6. Idiomatic uses of the Pronoun, §§ 11, 12, 13, 14:

1) מוֹתִי אֲנִי
2) בֶּלַע הִיא צֹעַר
3) הוּא שְׁמוֹ
4) זֶה יָמִים רַבִּים
5) וַיֹּאמֶר זֶה בְּכֹה וְזֶה אֹמֵר בְּכֹה
6) אֵלֶּה מִזֶּה וְאֵלֶּה מִזֶּה
7) מַה־תֹּאמַר נַפְשְׁךָ
8) אֵי־זֶה בַיִת
9) יְהוָֹה אֲהֵבוֹ יַעֲשֶׂה חֶפְצוֹ
10) שְׁנֵי הָעֹמֶר לָאֶחָד
11) לֹא אֵדַע נַפְשִׁי
12) וַיַּחַלְמוּ . . אִישׁ חֲלֹמוֹ
13) כֹּל מִצְוֹת יהוה
14) לֹא יִצְלַח לַכֹּל
15) כָּזֶה אִישׁ
16) וַיִּפָּרְדוּ אִישׁ מֵעַל־אָחִיו

7. Idiomatic uses of the Numerals, § 51:

1) אֵת אַרְבָּעִים הַיּוֹם
2) בִּשְׁנַת שְׁמֹנֶה עֶשְׂרֵה
3) שָׁלֹשׁ רְגָלִים
4) שֶׁבַע עַל־חַטֹּאתֵיכֶם
5) תֵּשַׁע יָדוֹת

8. Idiomatic uses of the Tenses, §§ 19, 20, 24, 25:

1 דָּרַךְ כּוֹכָב מִיַּעֲקֹב
2) אָז יָשִׁיר־מֹשֶׁה
3) תְּגָרֵשׁ גּוֹיִם וַתִּטָּעֶהָ
4) נֹצְרִים בָּאִים מֵאֶרֶץ הַמֶּרְחָק וַיִּתְּנוּ...קוֹלָם
5) וַיַּרְעֵם בַּשָּׁמַיִם יי וְעֶלְיוֹן יִתֵּן קוֹלוֹ
6) בֵּרַכְתִּי אֹתוֹ וְהִפְרֵיתִי . . . וְהִרְבֵּיתִי

SOME IMPORTANT HEBREW IDIOMS. 171

7) הִרְחִיב י׳ לָנוּ וּפָרִינוּ בָאָרֶץ

8) עֶרֶב וִידַעְתֶּם

9. **Idiomatic uses of the Infinitive Absolute, § 28:**

1) וָאֶכֹּת אֹתוֹ טָחוֹן הֵיטֵב

2) וַאִירָא הַרְבֵּה מְאֹד

3) הָעֵד הֵעִיד בָּנוּ

4) וַיִּשְׁפֹּט שָׁפוֹט

5) הָלְכוּ הָלוֹךְ וְגָעוּ

6) אֶת־כָּל־זֶה רָאִיתִי נָתוֹן אֶת־לִבִּי

7) זָכוֹר אֶת־יוֹם הַשַּׁבָּת

10. **Idiomatic uses of the Infinitive Construct, § 29:**

1) הָאֹמֵר לְכוֹרֶשׁ.... וְלֵאמֹר לִירוּשָׁלַםִ

2) עַל־רָדְפוֹ וְשִׁחֵת רַחֲמָיו

11. **Idiomatic uses of the Accusative, §§ 33, 34, 35:**

1) הָעִיר הַיֹּצֵאת אֶלֶף

2) יָמוּתוּ אֲנָשִׁים

3) תָּבֹאוּ לֵרָאוֹת פָּנַי

4) וַיִּשְׁתַּחוּ אַפַּיִם

5) וַיֻּגַּד לְרִבְקָה אֶת דִּבְרֵי ע׳

6) אַל־יֵרַע בְּעֵינֶיךָ אֶת־הַדָּבָר

7) וְהָרְאָה אֶת־הַכֹּהֵן

8) הַמִּסְכֵּן תְּרוּמָה

9) מְלֻבָּשִׁים בְּגָדִים

12. **Idiomatic expressions for Apposition and Subordination, § 36:**

1) וַיֹּסֶף וַיִּקַּח אִשָּׁה

2) תַּרְבּוּ תְּדַבְּרוּ

3) הוֹאִיל הָלַךְ

4) מִהַרְתָּ לִמְצֹא

5) יָקוּם רוֹצֵחַ יִקְטֹל

6) יֹדֵעַ מְנַגֵּן

13. **Idiomatic uses of Subject and Predicate, § 37:**

1) הַרְבֵּה נָפַל מִן־הָעָם

2) יִפֹּל הַנֹּפֵל

3) עַד בֹּאֲךָ
4) יָנוּחַ לִי
5) וַתֵּצֶר לְיִשְׂרָאֵל
6) הֲשָׁלוֹם אֲבִיכֶם
7) מָה־הֵמָּה אֵלֶּה

14. Idiomatic expressions of Emphasis, §39:

1) בִּי אֲנִי
2) אֹיְבִי לִי
3) לֶךְ לְךָ

15. Idiomatic forms of agreement in Gender and Number, §40:

1) חָזַק מִמֶּנּוּ מִלְחָמָה
2) עֵינָיו קָמָה
3) וַיִּהְיוּ כָּל יְמֵי אָדָם
4) קוֹל דְּמֵי אָחִיךָ צֹעֲקִים
5) עֵינֵי גַּבְהוּת אָדָם שָׁפֵל

16. Idiomatic Negations, §41:

1) מִגּוֹי
2) הֲמִבְּלִי אֵין־א׳ בְּיִשְׂרָאֵל
3) לֹא בְמוֹתוֹ יִקַּח הַכֹּל

17. Idiomatic Interjections and Optative expressions, §43:

1) חַי אֲנִי
2) חָלִילָה לְךָ מֵעֲשֹׂת וגו׳
3) מִי יַשְׁקֵנִי מַיִם
4) מִי־יִתֵּן מוּתֵנוּ בְיַד־יי

18. Idiomatic uses of the Relative, §46.

1) הַנָּבִיא אֲשֶׁר־שְׁלָחוֹ יי
2) אֲשֶׁר יָצְאוּ מִשָּׁם פְּלִשְׁתִּים

19. Idiomatic Conditional Sentences, §48:

1) אִם אֶקַּח מִכָּל אֲשֶׁר לָךְ
2) אִם־לֹא כַּאֲשֶׁר דִּבַּרְתֶּם.... כֵּן אֶעֱשֶׂה

IX. SOME IMPORTANT HEBREW IDIOMS.

LIST CXXXI.
The English Phrases.

1. Idiomatic expressions for the number of Nouns, § 3:
   1) House of fathers
   2) Their idol-houses

2. Idiomatic expressions for the determination of Nouns, §§ 4, 5:
   1) Lebanon (= the white)
   2) That which encompasses
   3) The whole generation
   4) Every first-born
   5) The Benjaminite
   6) A man

3. Idiomatic expressions for Apposition, § 6:
   1) Words, truth (= true words)
   2) Two years, time
   3) Proudly, proudly
   4) Many wells

4. Idiomatic expressions for the Construct Relation, §§ 8, 9:
   1) Their food is for themselves
   2) This very day
   3) Immortality
   4) The days we walked with them
   5) The holy place
   6) A bad woman
   7) Blood shed causelessly
   8) A God from near
   9) Having dreams
   10) Five hundred years old
   11) To the house of Joseph
   12) Those trusting in him
   13) The sons and daughters of David

5. Idiomatic uses of the Adjective, § 10:
   1) The holy of thy temple (= thy holy temple)
   2) Sweeter than honey
   3) And he loved Rachel more than Leah
   4) The fairest among women

6. Idiomatic uses of the Pronoun, §§ 11, 12, 13, 14:

   1) My death, mine
   2) Bela, that is Zoar
   3) Is its name
   4) Now many days
   5) And this one said so, and that one said so
   6) These hither and those thither
   7) Whatever thy soul desireth
   8) Which house?
   9) He whom Y. loves shall accomplish his desire
   10) Two omers for each
   11) I know not myself
   12) And they dreamed, each his dream
   13) All of Yahweh's commandments
   14) It is good for nothing
   15) Such a man
   16) And they separated, the one from the other

7. Idiomatic uses of Numerals, § 15:

   1) The forty days
   2) In the eighteenth year
   3) Three times
   4) Seven times for your sins
   5) Nine tenths

8. Idiomatic uses of the Tenses, §§ 19, 20, 24, 25:

   1) A star shall proceed from Jacob
   2) Then sang Moses
   3) Thou expellest the nations and planted it
   4) Watchmen come from the distance and shall lift up their voice
   5) And Y. thundered in the heavens and the Most High uttered his voice
   6) I will bless him and make him fruitful and multiply him
   7) Y. has given enlargement to us and we shall be fruitful in the land
   8) At evening, then shall ye know

9. Idiomatic uses of the Infinitive Absolute, § 20:

   1) And I stamped it, grinding it diligently
   2) And I was very much afraid
   3) He strictly charged us
   4) And he is always acting as judge
   5) They went, going on and lowing

SOME IMPORTANT HEBREW IDIOMS.

6) All this I have seen and applied my heart
7) Remember the Sabbath day

10. Idiomatic uses of the Infinitive Construct, §29:

1) Who says to Cyrus.... and says to Jerusalem.
2) Because he pursued him and stifled his compassion

11. Idiomatic uses of the Accusative, §§33, 34, 35:

1) The city that goes forth a thousand
2) They shall die as men
3) Ye come in to be seen by my face
4) And he bowed himself down as regards the face
5) And were told Rebekah the words of Esau
6) Let not the thing be evil in thine eyes
7) And it shall be shown to the priest
8) Impoverished of an oblation
9) Clothed with garments

12. Idiomatic expressions for Apposition and Subordination, §36:

1) And he added and took a wife
2) Ye do much, ye speak (= ye speak much)
3) He was willing, he went (= he went willingly)
4) Thou hast hastened to find
5) The murderer rises to kill
6) One who knows how to play

13. Idiomatic uses of Subject and Predicate, §37:

1) Much of the people fell
2) Any one who falls
3) Until one comes
4) I will feel quiet [Israel
5) And it was strait with
6) Is your father in health?
7) What are these?

14. Idiomatic expressions of Emphasis, §39:

1) In me
2) Mine own enemies
3) Get thee

15. Idiomatic forms of agreement in Gender and Number, §40:

   1) The war was too strong for him
   2) His eyes were set
   3) And all the days of Adam were
   4) The voice of thy brother's blood crieth out
   5) The eyes of man's pride are cast down

16. Idiomatic Negations, §41:

   1) So as not to be a nation
   2) Is it because there is no God in Israel
   3) He will take nothing in his death

17. Idiomatic Interjections and Optative expressions, §43:

   1) As I live
   2) Far be it from thee to do, etc.
   3) O that some one would give me water to drink!
   4) O that we had died by the hand of Yahweh

18. Idiomatic uses of the Relative, §46:

   1) The prophet whom Y. has sent
   2) Whence the Philistines have proceeded

19. Idiomatic Conditional Sentences, §48:

   1) (May he punish me) if I take of all that is thine (= I will not take)
   2) (God do so to me and more also) if I do not according as ye have spoken

www.ingramcontent.com/pod-product-compliance
Lightning Source LLC
Chambersburg PA
CBHW032149160426
43197CB00008B/832
* 9 7 8 3 3 3 7 7 2 9 2 2 6 *